Buchners
Lektürebegleiter
Deutsch

LUTZ HÜBNER

DAS HERZ EINES BOXERS

Bearbeitet von Stephan Gora

Buchners **Lektürebegleiter** Deutsch

Arbeitsheft 10

Lutz Hübner: „Das Herz eines Boxers“
Bearbeitet von Stephan Gora

Weitere Lektürebegleiter:
Cornelia Funke: Tintenherz (4281)
Othmar Lang: Hungerweg (4282)
Otfried Preußler: Krabat (4283)
Dietlof Reiche: Der Bleisiegelfälscher (4284)
Kirsten Boie: Die Medlevinger (4285)
Sid Fleischman: Das Geheimnis im 13. Stock (4286)
Antoine de Saint-Exupéry: Der Kleine Prinz (4287)
Eoin Colfer: Artemis Fowl (4288)
Markus Zusak: Die Bücherdiebin (4289)

1. Auflage, 3. Druck 2022
Alle Drucke dieser Auflage sind, weil untereinander unverändert, nebeneinander benutzbar.

Dieses Werk folgt der reformierten Rechtschreibung und Zeichensetzung. Ausnahmen bilden Texte, bei denen künstlerische, philologische oder lizenzrechtliche Gründe einer Änderung entgegenstehen.

Redaktion: Jutta Förtsch
Layout und Satz: mgo360 GmbH & Co. KG, Bamberg
Druck und Bindung: Friedrich Pustet GmbH & Co. KG, Regensburg

www.ccbuchner.de

ISBN 978-3-7661-4290-0

Inhaltsverzeichnis

Zur Einstimmung und zur ersten Orientierung

Liebe(r) ....!

Stell dir vor, dass du – wie Jojo im „Herz eines Boxers" – mit 16 Jahren wegen eines Strafdelikts zu Sozialarbeit in einem Alten- oder Pflegeheim verdonnert worden bist, weil du angeblich ein Moped geklaut hast! Was würdest du in solch einer Situation machen? Du darfst mehrere Möglichkeiten ankreuzen, je nachdem, was du für sinnvoll hältst. Würdest du ...

- ○ laut fluchen und die Alten, für die du arbeiten sollst, verwünschen?
- ○ versuchen die Arbeit möglichst rasch hinter dich zu bringen?
- ○ bedenken, dass du in ferner Zukunft selbst einmal betreuungsbedürftig sein könntest?
- ○ dich damit trösten, dass du etwas Sinnvolles tun kannst?
- ○ den Bewohnern des Altenheims Blumen, Schokolade oder Rotwein mitbringen?

Bei den Kreuzen gibt es kein Richtig oder Falsch. Allenfalls ein „Schade", wenn du gar kein Kreuz setzen kannst; denn dann kannst du dir die Situation noch nicht vorstellen. Wenn du ein einziges Kreuz gesetzt hast, dann erkennst du nur einen Aspekt, obwohl auch andere Sichtweisen denkbar sind.

Dieser Lektürebegleiter will dir helfen, „Das Herz eines Boxers" besser zu verstehen. Er führt dich durch die **Handlung** des Stückes und verschafft dir einen Überblick über die sieben Szenen. Er hilft beim genauen **Erfassen des Inhalts** und beim treffenden **Charakterisieren der Figuren**, im Lesetagebuch regt er zu persönlichen Gedanken an. Du wirst unterschiedlichen **Sicht- und Denkweisen** über das Leben begegnen und das Gelesene auf deine eigene Lebenswirklichkeit beziehen.

Der Lektürebegleiter möchte dich aufmerksam machen auf die **Besonderheiten eines Theaterstücks** und die Möglichkeiten einer Inszenierung (Dialoge, Regieanweisungen, Körpersprache usw.). Dieses Fachwissen ist hilfreich, denn du wirst in Deutsch weitere Dramen lesen. Was du hier lernst, kannst du auf andere Jugendtheaterstücke oder Dramen anwenden.

Inhaltlich geht es um die Überwindung von Vorurteilen, um Heldentum, Gewalt oder List, um Anerkennung in der Clique, um Freundschaft und Liebe. Vielleicht bist du dir auch schon einmal als „**Loser**" oder als „**Opfer**" vorgekommen oder du kennst jemanden, dem es so ergangen ist. Im „Herz eines Boxers" begegnen dir gleich zwei solcher Verlierer. Sobald sie sich aber gegenseitig öffnen, haben sie eine Chance, aus ihrer Begegnung eine Win-Win-Situation zu machen.

Um deine Deutscharbeit gut vorzubereiten, wirst du lernen und üben, wie man einzelne Dialoge **analysiert** und **deutet**. Du wirst dir Gedanken machen über die Botschaft des Textes und somit das Drama **interpretieren**.

Viel Spaß bei der Arbeit mit dem Theaterstück! (Die Seitenangaben beziehen sich auf die kommentierte Fassung, die 2008 in der Schulbibliothek des Buchner Verlages erschienen ist.)

Einen vorurteilsfreien Blick auf Menschen, die ganz anders – oder dir ähnlich(?) – sein können,

wünscht dir

Stephan Gora

1. Die Handlung sicher erfassen

a) Ein Lesetagebuch führen

So wie wir in einem Tagebuch festhalten, was wir erlebt haben, so können wir auch bei der Lektüre des „Boxers“ unsere persönlichen Gedanken und Gefühle aufschreiben. Das **Lesetagebuch** gibt dazu einige Anregungen: Es gliedert die Lektüre in sinnvolle Abschnitte, es schärft unsere Aufmerksamkeit für Wesentliches, es lässt umgekehrt aber auch Raum für eigene Gedanken.

Bei diesen Anregungen sind zwei unterschiedliche Formen zu beachten: **Die normal gedruckten Aufgabenstellungen** solltest du **auf jeden Fall** bearbeiten, weil sie für das Verständnis wichtig sind. Hier geht es vor allem darum, den Inhalt der sieben Szenen knapp in einem Lesetagebuch zusammenzufassen. Die Leitfragen helfen dir, dich auf das Wesentliche zu konzentrieren.

Die ***kursiv gedruckten Anregungen*** dagegen sind ***wahlweise*** zu bearbeiten: Du kreuzt die Anregung an, die dich am meisten zum Nachdenken und Schreiben reizt. Dabei geht es weniger um das Theaterstück als um deine eigenen Gedanken bei der Lektüre.

In jedem Fall solltest du deine Gedanken **begründen**, **erläutern** oder **veranschaulichen**, damit nachvollziehbar wird, was du meinst. Formuliere so, dass du deine Gedanken vorlesen könntest.

Es empfiehlt sich, nach jeder Szene das Lesetagebuch zu bearbeiten. Die vorgegebenen Zeilen signalisieren, wie viel du in etwa dazu schreiben solltest. Da die Gedanken aber frei sind, kann es auch etwas weniger sein. Fällt dir mehr ein, dann schreib einfach in deinem Heft weiter.

Erste Szene (S. 5 bis 9)

A 1 Was ist Ausgangspunkt für die Handlung? In welcher Situation trifft Jojo auf Leo?

- O *Welches Gefühl hättest du, wenn du an Jojos Stelle an Leos Tür klopfen müsstest?*
- O *Wie würdest du dich Leo vorstellen? Wie würdest du mit ihm sprechen?*
- O *Welche Vorahnung hast du gehabt, als Leo die Tabletten aus dem Fenster wirft?*
- O *Wie würdest du dich an Leos Stelle fühlen? Würdest du ebenfalls schweigen?*
- O *Was hast du empfunden, als Leo Jojo die Farbe über die Füße gießt?*

Zweite Szene (S. 9 bis 13)

A 2 Was erfährt Leo über Jojo? Welche Probleme hat Jojo?

- ○ *Was empfindest du, wenn du von einem anderen ausgenützt wirst?*
- ○ *Wie reagierst du, wenn du von einem Freund verraten worden bist?*
- ○ *Wann würdest du von einem Menschen sagen, dass er Charakter hat?*
- ○ *Was würdest du tun, um einem Mädchen zu imponieren bzw. was würdest du tun, um die Aufmerksamkeit eines Jungen auf dich zu ziehen?*
- ○ *Welche Rolle spielst du in deiner Clique? Fühlst du dich eher als der „große Zampano" oder als der „letzte Depp"? Oder …? Beschreibe deine Rolle.*

Dritte Szene (S. 13 bis 18)

A 3 Was erfährt Jojo von Leo? Warum interessiert sich Jojo plötzlich für Leo?

- ○ *Welche Meinung hast du vom Boxen? Bist du von dieser Sportart fasziniert, bist du gleichgültig oder lehnst du diese Form sportlicher Gewalt ab?*
- ○ *Was ist für dich ein Held?*
- ○ *Was würdest du persönlich mit 140 Euro anfangen?*
- ○ *„Ich bin bei Problemen immer weggelaufen." – Was empfindest du, wenn das jemand von sich sagt?*
- ○ *Was müsste passieren, damit du von dir sagst, dass dir jemand das Herz gebrochen hat?*

Vierte Szene (S. 19 bis 23)

A 4 In welcher Verfassung erscheint Jojo? Wodurch hat sich sein Problem zugespitzt?

- *Bist du schon einmal in deiner Ehre verletzt worden? Schildere dieses Erlebnis.*
- *Für welche Verhaltensweisen hast du andere Menschen schon als „Arschloch" bezeichnet?*
- *Kennst du Treffpunkte wie den „Bauwagen"?*
  Was macht solche Treffpunkte so anziehend für Jugendliche?
- *Hast du schon einmal gehandelt und dabei geblufft? Erzähle, wie es ausgegangen ist.*
- *Wie beurteilst du Leos Verhalten im Krieg? Hat er sich richtig verhalten, als er auf Patrouille den feindlichen Soldaten getroffen hat?*

Fünfte Szene (S. 23 bis 25)

A 5 Auf welche Weise helfen sich Jojo und Leo gegenseitig? Woran könnte Leos Fluchtversuch gescheitert sein?

- ○ *Würdest du das Angebot, von einem ehemaligen Profiboxer boxen zu lernen, annehmen? Was würdest du dir davon versprechen?*
- ○ *Wohin würdest du auswandern, wenn du dazu einen Grund hättest? Welche Vorstellungen hast du von diesem Ort?*
- ○ *Was würdest du auf jeden Fall mitnehmen? Zähle auf und begründe deine Wahl.*
- ○ *Eine Kneipe in Südfrankreich, gemeinsam mit einem blinden Boxerkollegen – kannst du dir das für Leo vorstellen?*
- ○ *Wie würdest du als Leiter(in) des Altenheims auf Leos Fluchtversuch reagieren?*

Sechste Szene (S. 26 bis 30)

A 6 Was hat sich für Leo, was hat sich für Jojo verändert?

- ○ *Warst du schon mal in deinem Leben so deprimiert, so resigniert wie Leo? Wie kam das?*
- ○ *Wie beurteilst du Jojos Verhalten gegenüber Leo?*
- ○ *„Kloß im Hals", „heiße Birne", „rote Ohren" – warum ist die Situation an der Wohnungstür für Jojo so peinlich? Wie erginge es dir an Jojos Stelle?*
- ○ *Welchen Tipp würdest du Jojo für sein erstes Date geben?*
- ○ *Welchen Tipp würdest du Leo nach dem gescheiterten Fluchtversuch geben?*

Schluss-Szene (S. 30 bis 33)

A 7 Worin besteht das Happy End der Handlung? Welche List hat sich Jojo für Leo ausgedacht? Wodurch hat sich Jojos Situation verändert?

- *Hast du in einer schwierigen Situation auch schon einmal eine List angewandt?*
- *Bist du der Meinung, dass die „Männerehre" verletzt wird, wenn sich ein Mann als Frau verkleidet?*
- *Wie stellst du dir eine Wiederbegegnung Jojos mit Leo in Südfrankreich vor?*
- *Welche „Lektion" hast du durch das Stück gelernt?*
- *Was kostet die Welt?! – In welcher Situation würdest du diese Redewendung benutzen?*

Abschließende Bewertung (1 = schlechteste // 10 = beste Bewertung)

A 8 Bewerte das Stück, kreuze dafür jeweils eine Zahl zwischen 1 und 10 an.

Wie hat dir die Rolle von Jojo gefallen?	1	2	3	4	5	6	7	8	9	10
Wie hat dir die Rolle von Leo gefallen?	1	2	3	4	5	6	7	8	9	10
Wie schätzt du Boxen im Vergleich zu anderen Sportarten ein?	1	2	3	4	5	6	7	8	9	10
Wie bewertest du die List für die Flucht?	1	2	3	4	5	6	7	8	9	10
Wie bewertest du die Strategie mit dem Mädchen?	1	2	3	4	5	6	7	8	9	10
Wie gefällt dir die Freundschaft zwischen Jung und Alt?	1	2	3	4	5	6	7	8	9	10
Wie hat dir das Theaterstück insgesamt gefallen?	1	2	3	4	5	6	7	8	9	10

A 9 Welchen Kommentar würdest du in Facebook abgeben, wenn du einen Veranstaltungshinweis zum „Herz eines Boxers" erhieltest? Schreibe ihn auf.

b) Das Thema erfassen und den Basissatz formulieren

In einem Theaterstück wird – wie in jedem anderen literarischen Text auch – selten nur ein Thema behandelt; oft sind es mehrere Themen, die sich gegenseitig ergänzen.

A 1 Alphabetisch aufgelistet findest du in dem Speicher einige der Themen, die im „Herz eines Boxers" eine Rolle spielen. Diskutiert zunächst mit euren Sitznachbarn, dann in der Klasse, welche dieser Themen im Stück eine zentrale Rolle spielen, und ordnet sie dann in einer Prioritätenliste in eurem Heft.

> Alter – Anerkennung – Boxen – Clique – Diebstahl – Ehre (männliche) – Freitod (Suizid) – Freundschaft – Frustration – Generationskonflikt – Gewalt – Gewinner – Helden – Jugend – Liebe – List – Medikamente – Respekt – Resozialisierung – Selbstbestimmung – Stars – Strafe – Südfrankreich – Toleranz – Verlierer – Vorurteile – Zynismus ...

A 2 Sprachlich lassen sich Rangfolgen durch Wendungen wie *vor allem*, *besonders* oder *nicht nur, sondern auch* zum Ausdruck bringen. Formuliere in deinem Heft die ersten drei Themen deiner Prioritätenliste mithilfe solcher Wendungen in vollständigen Sätzen.

Sind die zentralen Themen erkannt, so lässt sich ein **Basissatz** formulieren, der die wesentlichen Informationen enthält und meist der Inhaltsangabe vorangestellt wird. Im Basissatz werden nach Möglichkeit die folgenden Fragen beantwortet:

- Wer hat das Drama verfasst? (Wann hat der Autor/die Autorin gelebt?)
- Wie lautet der genaue Titel?
- Wann ist der Text erschienen, uraufgeführt oder prämiert worden?
- Um was für eine Gattung (Komödie, Tragödie ...) handelt es sich?
- Was ist das Thema oder das Problem?
- Wann und wo spielt die Handlung und wer sind die Protagonisten?

Die letzten beiden Punkte bilden bereits den Übergang zur Inhaltsangabe (vgl. S. 12).

A 3 Beantworte diese Fragen für „Das Herz eines Boxers" stichpunktartig in deinem Heft.

Methodenwissen: Basissatz

Der Basissatz fasst die wesentlichen Informationen zu dem Text in einem Satz zusammen. Er komprimiert den Inhalt in einem Satz oder einem kurzen Absatz, der dadurch Grundlage für das weitere Vorgehen wird. Er gibt dem Leser eine erste Orientierung, worum es im Text geht, was das Kernproblem des Textes ist oder welche zentralen Themen verhandelt werden.

Sein Satzbau hängt stark vom verwendeten Verb ab; hierzu drei Beispiele:

- ***Das*** *1998 mit dem Deutschen Jugendtheaterpreis ausgezeichnete* ***Theaterstück*** *„Herz eines Boxers" von Lutz Hübner (geb. 1964), das in der Gegenwart in einer Großstadt spielt,* ***handelt von*** *...*
- ***In*** *dem* ***Jugendtheaterstück*** *„Das Herz eines Boxers" (1996) von Lutz Hübner (geboren 1964)* ***geht es um*** *...*
- ***Lutz Hübner*** *(*1964)* ***behandelt*** *in seinem Zweipersonenstück „Das Herz eines Boxers", das 1996 im Berliner Grips-Theater uraufgeführt wurde,* ***die Problematik*** *...*

Durch Anführungszeichen wird der Titel hervorgehoben. Der Stil der Vorlage wird nicht übernommen, es wird auch nicht zitiert; vielmehr wird **in eigenen Worten** formuliert. Das Tempus ist das **Präsens**.

Mit „Basis-**Satz**" ist nicht gemeint, dass sein Inhalt unbedingt in einen Satz gepresst werden muss. Manchmal wird das Gemeinte klarer, wenn zwei oder drei Sätze dafür verwendet werden. Werden diese Sätze nicht durch Punkt, sondern durch Semikolon getrennt, wirkt es trotzdem wie **ein** Satz.

Zwei Beispiele zu bekannten Theaterstücken zeigen, wie Basis(ab)sätze formuliert sein können:

> *Das 2007 uraufgeführte Jugendtheaterstück „Aussetzer" von Lutz Hübner (geb. 1964) spielt in der Gegenwart und handelt von dem 17-jährigen Hauptschüler Chris, der seinen Hauptschulabschluss nicht schaffen wird, wenn ihm Julika Stöhr, seine 30-jährige Lehrerin, nicht zu einer Drei verhilft. In dieser spannungsreichen Situation geht es um Gewalt, Manipulation und in Andeutungen auch um eine sexuelle Affäre.*

Oder:

> *In dem Drama „Wilhelm Tell" (1803) von Friedrich Schiller (1759 – 1805) trägt der Titelheld durch ein gerechtfertigtes Attentat entscheidend dazu bei, die Schweiz aus der Vorherrschaft Österreichs zu befreien; darüber hinaus geht es um das Widerstandsrecht des Volkes gegen Tyrannei und um die Befreiung des Menschen aus jeder Form von Abhängigkeit.*

A 4 Vergleiche diese beiden Basissätze mit der Vorgabe im Merkkasten. Enthalten sie die wesentlichen Informationen? Was fehlt? Was ist nicht so wichtig? Was könnte noch gestrichen werden? Welche Formulierungen sagen dir zu? Wähle einen der beiden Basissätze aus und schreibe eine verbesserte Fassung in dein Heft.

A 5 Formuliere nun deinen persönlichen Basissatz zu „Das Herz eines Boxers".

Praxis-Tipp für den Schulalltag!

Der Basissatz ist meist der erste (hoffentlich gute) Eindruck, den sich deine Lehrerin bzw. dein Lehrer von deinem Aufsatz macht. Er zeigt deutlich, ob du das Wesentliche verstanden hast und ob du gut formulieren kannst. Es lohnt sich also, sich mit dem Basissatz besondere Mühe zu geben.

c) Die Handlung prägnant zusammenfassen (Inhaltsangabe)

Nun muss die Handlung knapp zusammengefasst werden. Dies geht nicht, indem du das Lesetagebuch der sieben Szenen einfach nur aneinanderreihst. Vielmehr ist es hilfreich, Stichworte zu sammeln.

A 1 Wähle aus den folgenden Stichworten diejenigen aus, die du in deiner Inhaltsangabe nutzen willst. Entscheide dafür, welche Informationen für den Leser wichtig sind. Unterstreiche sie.

> Jojo, 16 Jahre – Sozialstunden wegen angeblichem Mofa-Diebstahl – Zimmer streichen im Altenheim – Leo (schweigend) – lockere Sprüche – respektlos, rüpelhaft, verletzend – Farbe über Füße – Charakter – Freund gedeckt – Tee mit Wodka – Schlaganfall vorgetäuscht – durchschaut Jojos Rolle in der Clique – Mädchen imponieren – Tipp mit der Rose – Orden und Zeitungsausschnitte – ehemaliger Profiboxer – Geld (140 €) – Held – immer weggelaufen – bescheiden geblieben – Pfleger, der ihn gedemütigt hat, niedergeschlagen – Jojo will boxen lernen – Beinarbeit – blaues Auge – Messer – Tüten kleben für die männliche Ehre – Jojos Erfolg beim Feilschen – Leos Kriegserlebnis: Melone und Zigarette – Leo ist stolz auf Jojo – sich vor Schlägen schützen – Boxtraining – blinder Freund in Südfrankreich – Geld für Zugfahrkarte – gescheiterter Fluchtversuch mit dem Auto – Leo medikamentös ruhiggestellt – will sich mit Tabletten das Leben nehmen – Jojos erster Erfolg bei dem Mädchen, dank Leo – Jojo als Frau verkleidet und geschminkt – Leos Zögern zum Schein – geglückte Flucht – Jojo im Glück

Im nächsten Schritt gilt es, die Sätze miteinander zu verbinden, damit die Zusammenhänge deutlich werden. Dies gelingt durch **Hauptsatz-Nebensatz-Konstruktionen**, die durch **Konjunktionen** (*nachdem*, *als*, *weil*, *obwohl*, *damit*, *dass* usw.) verbunden sind. Auch durch **Relativsätze** (*Jojo, der ...*), durch **erweiterte Infinitive** (*um zu seinem blinden Freund nach Südfrankreich zu fahren*) oder durch unterschiedliche **Verweise** (*dies*, *dadurch*, *dabei*, *hiermit* usw.) lassen sich Sätze miteinander verknüpfen. Passgenau verbunden werden die Sätze schließlich durch eine **Variation** des Satzbauplans, die Bedeutungsschwerpunkte setzt (*Dieses Geld benötigt Leo, um ...*).

A 2 Fasse nun auf der Grundlage der in Aufgabe 1 ausgewählten Stichworte den Inhalt der Erzählung in etwa fünf Sätzen in deinem Heft zusammen.

Methodenwissen: Inhaltsangabe

Die **Inhaltsangabe** informiert knapp, sachlich und ohne innere Anteilnahme über den Ausgangstext. Da sie sich **auf das Wesentliche konzentriert**, gehören Einzelheiten nicht hinein.

Schmückende Zitate oder die Wiedergabe wörtlicher Rede passen nicht zum knappen Stil der Inhaltsangabe. Wichtige Äußerungen werden in indirekter Rede (*Leo sagt, dass Jojo Charakter hat.*) oder in Form eines **Sprechaktes** (*Leo bittet Jojo um tödliche Tabletten.*) wiedergegeben.

Das vorgeschriebene Tempus ist das **Präsens** und für Vorzeitigkeit das **Perfekt** (*Nachdem Leos Fluchtversuch gescheitert ist, schlägt Jojo eine List vor.*). Der Umfang der Inhaltsangabe hängt davon ab, wie lang der Ausgangstext ist und wie ausführlich informiert werden soll.

Die Inhaltsangabe sollte gut auf den einleitenden **Basissatz** abgestimmt sein; während dieser knapp über **Autor**, **Titel** und die **Thematik** informiert, entfaltet jene den Verlauf der Handlung.

Ob man Ort und Zeit der Handlung bereits im Basissatz oder erst in der Inhaltsangabe erwähnt, ist vom jeweiligen Werk und von den Vorgaben des Lehrers abhängig.

A 3 Formuliere nun deine Inhaltsangabe.

So treffsicher wie die Linke des „roten Jojo" ...

Jurek Milewski als Jojo am Theater Miluna in Salzburg 2011

... dürfen deine Formulierungen sein.

Viel Erfolg!

A 4 Vergleiche nun deine Inhaltsangabe mit der folgenden bereits ausformulierten Inhaltsangabe, die du allerdings erst noch zusammensetzen musst. Hast du die richtige Reihenfolge gefunden, ergibt sich durch die Kennbuchstaben ein Zitat aus dem Theaterstück.

		Nr.
(W)	fasst Jojo Vertrauen und überwindet seine Vorurteile:	
(E)	Er nimmt sich den friedfertigen Boxer zum Vorbild und lernt,	
(?)	während Leo durch Jojos List die Flucht aus dem Altenheim gelingt.	
(A)	da er angeblich ein Mofa gestohlen hat.	
(S)	nachdem er einen respektlosen Pfleger k.o. geschlagen hat.	
(I)	da dieser den Diebstahl nur auf sich genommen habe,	
(T)	durch Leos Ratschläge gewinnt er die Liebe eines Mädchens,	
(S)	Dort trifft der 16-Jährige auf den ehemaligen Profiboxer Leo,	
(T)	in Wirklichkeit selbst ebenfalls zu den Verlierern zählt.	
(K)	der stumpfsinnig schweigend einen Schlaganfall vortäuschen muss,	
(E)	– ohne Lehrstelle, Geld und Freundin, in seiner Clique gemobbt –	
(D)	Als Leo dem Jüngeren überraschenderweise Charakter bescheinigt,	
(O)	um die Einweisung in eine geschlossene Anstalt zu verhindern,	
(T)	Mit seinen lockeren Sprüchen verspottet Jojo den Rentner, obwohl er	
(L)	auf fragwürdige Männerehre und Gewalt zu verzichten;	
(W)	Jojo muss auf richterliche Anordnung im Altenheim Wände streichen,	
(E)	um den vorbestraften Anführer seiner Clique zu schützen,	

A 5 Vergleiche nun diese Inhaltsangabe mit deiner eigenen. Was gefällt dir an deiner besser? Was könntest du noch verbessern? Schreibe gegebenenfalls eine korrigierte Fassung deiner Inhaltsangabe in dein Heft.

A 6 Wenn du das Zitat in Aufgabe 4 durch die richtige Reihenfolge gefunden hast (du kannst es im Originaltext auf S. 33 nachlesen), solltest du dir zum Abschluss Gedanken machen, wie es gemeint sein könnte. Deute in wenigen Sätzen diese Äußerung; vollende dafür den begonnenen Satz.

Mit dieser Äußerung bringt Jojo zum Ausdruck, dass ...

Herzlichen Glückwunsch!

Mit dieser ersten Deutung ist nun die Interpretation des Stücks in greifbare Nähe gerückt.

d) Sprachliche Wendungen besser verstehen (Sacherläuterungen)

Ein Theaterstück, zumal eines, das besonders vor Jugendlichen aufgeführt wird, sollte eigentlich unmittelbar und ohne weitere Erläuterungen verstanden werden können. Viele Anspielungen entfalten ihren Sprachwitz allerdings erst beim zweiten Lesen und in Kenntnis der sachlichen Hintergründe. Daher lohnt es sich, diese Sacherläuterungen genauer zu studieren.

A Kreuze die Wendungen an, die du bisher noch nicht oder in einer anderen Bedeutung kanntest. Formuliere dann zu jeder angekreuzten Wendung in deinem Heft einen Satz, der die Bedeutung in richtiger Weise verwendet.

Seite

5 ○ **Knacki**: (ehemaliger) Strafgefangener; einer, der im „Knast" sitzt

○ **Brigade**: militärischer Verband des Heeres, der selbstständig operative Aufgaben lösen kann und mindestens 1.000 Soldaten umfasst; davon abgeleitet: Arbeitsbrigade, eine Gruppe von Menschen, die in einem Produktionsbereich zusammengefasst sind (wie in der ehemaligen DDR); vgl. Kolonne

○ **„Schöner Wohnen"**: eine seit 1960 monatlich erscheinende Zeitschrift, die mit ansprechenden Fotos Tipps für die Wohnungseinrichtung gibt und etwa 3 Millionen Leser erreicht

○ **Butze**: kleines Zimmer oder Wohnung, Bude (umgangssprachlich)

○ **Kolonne**: im ursprünglich militärischen Sinn eine Formation des Heeres, die bei Märschen eingenommen wird; davon später abgeleitet: eine Putz- oder Arbeitskolonne

○ **Tinnef**: nutzlose Ware (aus dem Jiddischen)

6 ○ **ein Herz für Senioren**: Anspielung auf die Hilfsorganisation „Ein Herz für Kinder", die über eine Spendengala, die von Prominenten moderiert wird, jährlich mehr als 15 Millionen Euro für notleidende Kinder einspielt

○ **Ran an die Buletten**: An die Arbeit! Buletten sind im Nordosten Deutschlands die Bezeichnung für Frikadellen

8 ○ **übern Jordan gehen**: sterben; der Jordan ist der Grenzfluss zwischen Jordanien und Israel. Die Redewendung bedeutete ursprünglich ins Himmelreich gelangen; da dies nach christlicher Überzeugung durch den Tod geschieht, übertrug sich die Redewendung auf das Sterben

○ **„Der Berg ruft"**: deutscher Spielfilm von Louis Trenker aus dem Jahre 1938, in dem es um die Erstbesteigung des Matterhorns geht

9 ○ **Black**: Anweisung zur Bühnenbeleuchtung: Alle Scheinwerfer gehen aus, um die Szenen voneinander abzugrenzen und um gegebenenfalls das Bühnenbild umbauen zu können; bei diesem Jugendtheaterstück ist also keine Bühne mit Vorhang notwendig

10 ○ **Stalingrad**: gemeint ist die Schlacht im Kessel von Stalingrad, die 1943 die Wende im Zweiten Weltkrieg brachte und die militärische Niederlage Deutschlands einleitete

○ **Joe Cool**: eine der Verkleidungen des Beagle Snoopy aus der Comic-Serie „Die Peanuts"

○ **Robin Hood**: populäre englische Sagengestalt des Spätmittelalters; aus dem abenteuerlich lebenden Wegelagerer aus dem einfachen Volk, der gezielt habgierige Geistliche und Adlige ausraubt, entwickelte sich die Figur zu einem Vorkämpfer für soziale Gerechtigkeit, der mit seinen Gefährten den Reichen nimmt und den Armen gibt

○ **Fluppe**: Zigarette (umgangssprachlich); hierzu auch das Verb „fluppen"

○ **wie Oskar**: der Name „Oskar" kommt vom jiddischen „Ossoker", der „feche Kerl"

11 ○ **labern**: dummes Zeug reden, ohne Pause schwatzen, scheinbar sinnlos daherreden

○ **Samowar**: russische Teemaschine

Seite

- **Ich glaub, mein Schwein pfeift!**: Ausdruck der Empörung und Überraschung, denn Schweine können nicht pfeifen; sollte ein Schwein aber pfeifen, dann wäre das sensationell
- **Wodka**: hochprozentiger russischer Brandwein („Wässerchen")

12
- **Tussi**: meist abwertend für ein attraktives, modebewusstes, oberflächliches Mädchen; von Thusnelda, der Ehefrau des Cheruskerfürsten Arminius abgeleitet; mitunter auch im Sinne von „Zicke" gebraucht (Jugend- und Umgangssprache)
- **Schweinigel**: unanständiger Mensch, der gerne sexuelle Anspielungen macht
- **Hollywood**: Zentrum der US-amerikanischen Filmindustrie in Los Angeles
- **Clique**: Freundeskreis (vgl. Gang), in der ursprünglichen Bedeutung: eine beifällig klatschende Menge
- **(der) große Zampano**: ein Mann, der so tut, als hätte er alle Fäden in der Hand, der sich lautstark in Szene setzt, um Eindruck zu schinden. Geht zurück auf Zampano (Anthony Quinn), eine der Hauptfiguren aus dem Film „La Strada – das Lied der Straße" (1954) des Regisseurs Frederico Fellini
- **Rodeo**: Wettkampf vor Publikum, bei dem sich die Teilnehmer so lange wie möglich auf dem Rücken von ungezähmten Pferden oder Stieren halten müssen

13
- **Gang**: organisierte Gruppe (meist) junger Menschen, die sich gewalttätig oder kriminell verhalten
- **Meister des Universums**: geläufige Wendung; so bezeichnet sich in der Filmsatire „Fegefeuer der Eitelkeiten" (1990) von Regisseur Brian De Palma der Börsenmakler Sherman McCoy als „Meister des Universums"; auch der Astrophysiker Stephen Hawking wurde gelegentlich so genannt
- **Trödler**: Händler, der mit gebrauchten Gegenständen (Kleidern, Möbeln) seine Geschäfte macht
- **auf einem weißen Gaul**: Klischeevorstellung, nach der reitende Boten, Ritter, Prinzen oder Liebhaber auf einem Schimmel angeritten kommen
- **Raumschiff Enterprise**: Science-Fiction-Fernsehkultserie in vielen Episoden mit Captain Kirk, dessen Raumschiff im All silbrig schimmerte
- **Napoleon**: französischer General und „Kaiser der Franzosen" (1804 – 1814), der als Oberbefehlshaber der französischen Armee an der Eroberung Russlands scheiterte
- **Stalin**: der sowjetische Diktator (1927 – 1953) und Oberste Befehlshaber der Roten Armee

14
- **„Mainz, wie es singt und lacht"**: eine beliebte Karnevalssitzung, die seit 1973 abwechselnd von ARD und ZDF ausgestrahlt wird
- **Rambo**: Der Name ist durch den amerikanischen Actionfilm „Rambo" (1982/83) mit Sylvester Stallone bekannt geworden. In dem Film des Regisseurs Ted Kotcheff begeht der traumatisierte Vietnamkriegsveteran John Rambo nach Demütigungen Selbstjustiz. Der Konflikt eskaliert, bis die Nationalgarde gegen die One Man Army vorgeht, doch die Titelfigur setzt sich immer wieder mit List und Gewalt durch
- **Heiermann**: ein Fünf-Mark-Stück in der alten Währung der BRD
- **Schleifen**: ungewöhnliche Formulierung für die (in Schleife gelegten) Euro-Scheine

15
- **Adolf Hitler**: Reichskanzler von 1933 bis 1945, der Deutschland in eine Diktatur verwandelte, den Zweiten Weltkrieg entfesselte und für millionenfachen Völkermord verantwortlich war
- **Kastagnetten**: kleines Rhythmusinstrument aus Spanien, das aus zwei ausgehöhlten Klanghölzern besteht, die mit den Fingern gegeneinander geschlagen werden

Seite

○ **Sportpalast**: Berliner Veranstaltungshalle für 10.000 Besucher, die nicht nur für Boxkämpfe, sondern auch für Sechstagerennen, Eishockey, Reitturniere usw. genutzt wurde

○ **Knockout**: im Boxsport kampfunfähig nach einem Niederschlag (Knock-down); Abkürzung: k.o.

○ **Kid Sanchez**: ein bekannter Boxer der Dreißigerjahre

○ **Baltasar Sangchili**: spanischer Boxer der Dreißigerjahre

○ **Wintergarten**: Berliner Veranstaltungshalle und Theater für 3.000 Besucher

21 ○ **Tüten kleben**: früher Arbeit für Strafgefangene

○ **Autogramm**: eigenhändig geschriebener Namenszug einer prominenten Persönlichkeit

○ **Bauwagen**: ein Anhänger, der auf Baustellen den Arbeitern als mobile Unterkunft (Umkleidekabine, Aufenthaltsraum, Werkzeuglager) dient; in der sogenannten Bauwagenszene werden diese Unterkünfte zu Wohnstätten meist jugendlicher Aussteiger oder Studenten. Im ländlichen Raum nutzen Jugendliche ausgediente Bauwägen gerne als Ersatz für ein Jugendzentrum

22 ○ **Patrouille**: Kontroll- oder Erkundungsgang von Soldaten

○ **Schnorrer**: eine Person, die sich durch häufiges und hartnäckiges Bitten um Zigaretten, Geld oder andere Gefälligkeiten unbeliebt macht

23 ○ **Schießbudenfigur**: eine Figur, die umkippt, wenn man sie mit dem Luftgewehr trifft, die sich danach aber von selbst wieder aufrichtet; abfällige Bezeichnung einer Person

25 ○ **Trakt**: seitlicher oder hinterer Teil eines Gebäudes, Flügel

26 ○ **King Kong**: ein fiktives Affenmonster im gleichnamigen Film, der 1933 aufgrund seiner Spezialeffekte ein Meilenstein der Filmgeschichte wurde

○ **Japskotzmeisterkrönungkaffee**: Wortspiel auf die Kaffeesorte „Jacobs Krönung“, die mit Slogans wie „Von der Kaffeebohne bis zur Krönung“ oder „Filtermeister“ beworben wird

25 ○ **auf dem Holzweg sein**: sich irren

27 ○ **Dummy**: lebensgroße Kunststoffpuppe bei Unfalltests

○ **Crashtest**: Test, bei dem ein Unfall simuliert wird

○ **Automatik**: im Gegensatz zu einem normalen Schaltgetriebe gibt es beim Automatik-Getriebe keine Kupplung und nicht die üblichen Gänge

28 ○ **James Bond Tour**: im Stil des Geheimagenten 007, in gewagten Action-Szenen

29 ○ **Tabletten**: drei Rollen lassen auf Leos Absicht schließen, sich mit Schlaftabletten das Leben zu nehmen (Suizid)

31 ○ **Montur**: ursprünglich Arbeits- oder Dienstkleidung, scherzhaft für: Kleidung für einen bestimmten Zweck

○ **Charleys Tante**: ursprünglich eine englische Komödie von Brandon Thomas aus dem Jahr 1892; in Deutschland mehrfach verfilmt (1955 mit Heinz Rühmann, 1963 mit Peter Alexander, 1992 mit Thomas Heinze)

○ **Plörren**: Plunder, Firlefanz, Trödel, alte Klamotten

32 ○ **Maloche**: schwere Arbeit (aus dem Jiddischen in die Umgangssprache besonders im Ruhrgebiet verbreitet)

○ **Zeugen Jehovas**: eine christliche Religionsgemeinschaft, die sich durch eine emsige Missionstätigkeit auf der Straße auszeichnet

○ **zicken** (salopp): sich unangemessen und pubertär verhalten, Zicken (= Schwierigkeiten, Dummheiten) machen

33 ○ **Was kostet die Welt?**: eine geläufige Redewendung mit der Bedeutung „Mich kann nichts aufhalten; ich werde meistern, was das Leben bringt“

e) Wesentliche Inhalte korrekt zitieren

Bei der Charakterisierung einer Figur oder bei der Interpretation von Literatur wird zitiert. Zitieren heißt „wörtlich aus dem Original wiedergeben". Dies erkennt man an den **Anführungszeichen** („ ..."), an dem **Beleg** (dem Hinweis, auf welcher Seite das Zitat überprüft werden kann), bei wichtigen oder längeren Zitaten auch an einer **Einrückung**.

Nur in der gesprochenen Sprache – denn dann kann man die Anführungszeichen nicht sehen! – kündigt man das Zitat an („*Ich zitiere!*") oder man schließt es ausdrücklich ab („*Die Formulierung ist typisch für Jojos Jugendsprache: ‚Dann hat sichs mit dem Scheiß.' Ende des Zitats!*")

Doch was wird überhaupt zitiert? Zitiert werden zumeist die Äußerungen der Figuren, die besonders **aufschlussreich** für das Verständnis sind. Das sind Aussagen, die eine Figur treffend charakterisieren oder die für die Interpretation besonders aussagekräftig sind.

Und warum wird eigentlich zitiert? Setzt man sich intensiv mit dem Text auseinander, so muss man vom **genauen Wortlaut** ausgehen; die Interpretation läuft sonst Gefahr, sich zu verselbständigen – mit dem Risiko einer Fehlinterpretation. Außerdem sollte die Interpretation auch für den Leser nachvollziehbar und überprüfbar sein: Wie gelangt der Aufsatzschreiber überhaupt zu seiner Interpretation? Und auf welche Textstellen stützt er sich bei seinem Urteil? Das Zitieren sichert also das eigene Textverständnis ab. Damit dies gelingt, gelten für das Zitieren die folgenden Regeln.

Methodenwissen: Zitieren

Achte darauf, dass folgende **Merkmale** auf deine gewählten Zitate zutreffen. Zitate sind ...

- als Zitat erkennbar und nachprüfbar (Anführungszeichen, Beleg),
- genau (Kürzungen sind möglich, müssen aber durch Auslassungszeichen [...] kenntlich gemacht werden; Angleichungen in Deklination, Konjugation oder Satzstellung werden ebenfalls durch eckige Klammern gekennzeichnet: *Leo behauptet, [dass] das [...] keine Schande [ist].*),
- wahr (stimmig, nicht aus dem Zusammenhang gerissen),
- treffend (passend zur Aussageabsicht),
- leserfreundlich (verständlich, anschaulich, nachvollziehbar).

A 1 Überprüfe die folgenden Beispiele und kreuze die Zitierweise(n) an, die du bereits beherrschst.

○ Zitate können **durch Klammern** in den Aufsatz integriert werden:

Jojo behandelt Leo von Anfang an respektlos („Was glotzt du denn so?" – S. 6, Z. 4). Indem er ihn duzt, nimmt er ihm die Würde eines erwachsenen Menschen. Und das Verb „glotzen" ist eine unhöfliche Abwertung. So spricht man nicht mit Menschen!

Diese Zitierweise empfiehlt sich für kurze und eher illustrative Zitate. Da das Zitat bereits in Klammern steht, wird der Beleg einfach mit einem Gedankenstrich abgesetzt und in die Klammer integriert.

○ Zitate können **durch bloßes Einfügung in den Satz** integriert werden:

Jojo verspottet den schweigenden Leo, indem er so tut, als würde dieser „ganz prima ne alte Echse nachmachen". Sein Kommentar, dass er „echt beeindruckt" (S. 7, Z. 5 – 7) sei, ist ironisch gemeint und unterstreicht den Spott.

Diese Zitierweise bietet sich an, wenn sich das Zitat gut in den Satzbau integrieren lässt. Manchmal sind dafür syntaktische Anpassungen nötig. Der Beleg folgt in Klammern direkt hinter dem Zitat.

○ **Zitate (Z)** können eingerückt werden und zwischen **einer Einleitung (E)** und einer **anschließenden Auswertung (A)** stehen:

E Gegen Ende der ersten Szene geht Jojo sehr unsensibel mit Leo um, indem er das Leben im Altenheim abschließend so charakterisiert:

Z *„Das ist ja richtig Knast hier. […] Also eins weiß ich, bevor ich mal in so einem Rentnerknast lande, schieß ich mir ne Kugel in den Kopf." (S. 8, vorletzter Absatz)*

A *An dieser Stelle deutet sich an, dass Jojo alten Menschen durch die Alliteration „Knast […] Rentnerknast […] Kugel in den Kopf" eigentlich die Lebensberechtigung abspricht. Zwar bezieht er die Aussage auf sich, aber Leo könnte diese Aussage so verstehen, dass er sich in dieser Lebenssituation eigentlich umbringen müsste. Mit dem Wort „Knast" vergleicht er die Bewohner eines Altenheims mit Strafgefangenen, die wegen eines Verbrechens eingesperrt werden müssen. Dieser Vergleich ist deshalb unangemessen, weil Alter kein Verbrechen ist.*

Diese Zitierweise wird bei Schlüsselzitaten oder bei umfangreicheren Zitaten verwendet. Das **Zitat** wird durch eine Einleitung und eine Auswertung eingerahmt.

Die **Einleitung** gibt Auskunft darüber, in welchem Zusammenhang das Zitat steht, von wem die Äußerung stammt und an wen sie sich richtet, welche Absicht (etwa kritisieren, rechtfertigen, fordern, ablehnen, warnen usw.) zugrunde liegt.

Die **Auswertung** erklärt das Zitat und deutet es: Was soll damit ausgedrückt werden? Durch die Auswertung des Zitats versucht der Aufsatzschreiber den Leser von seiner Interpretation zu überzeugen.

A 2 Arbeite aus der ersten Szene durch drei Beispiele heraus, wie Jojo den schweigenden Leo einschätzt. Füge die Zitate dafür in deinen Text ein. Kennzeichne nötige syntaktische Anpassungen.

A 3 Formuliere eine Einleitung und eine Auswertung zu dem folgenden Zitat.

E Einleitung:

Z **„Oder soll ich dich zu den Bauklötzchen runterbringen, während ich hier rumzaubere?"** (S. 7)

A Auswertung:

2. Figuren und ihr Verhalten besser verstehen

a) Was ist Charakter? (Definition)

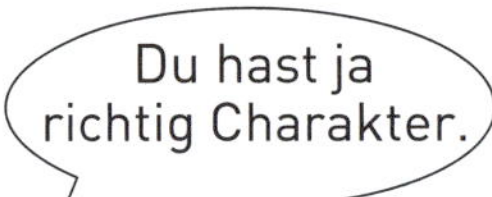

Was soll das heißen, ich hab Charakter, soll das ne Beleidigung sein?

(Leo zu Jojo, 2. Szene, S. 10 f.) (Jojo, S. 11)

A 1 Dass Jojo etwas verunsichert ist, kann mal leicht nachvollziehen. Denn obwohl wir „Charakter" auch im Alltag verwenden, ist es nicht einfach, diesen Begriff zu definieren. Lies dir daher die folgende Definition aufmerksam durch und unterstreiche das Wesentliche.

> **Charakter**: Gesamtheit der geistig-seelischen Eigenschaften eines Menschen, seine Einstellungen, Werte und Normen sowie seine Gefühle, kurz: das Wesen seiner Persönlichkeit. Auch seine Verhaltens- und Denkweisen sowie das Menschen- und Weltbild, das ein Mensch hat, lassen auf seinen Charakter schließen. Charakter ist somit die Summe der inneren Eigenschaften eines Menschen, die seine Persönlichkeit ausmachen und sein Verhalten prägen. Dabei lassen sich bei den meisten Menschen positive und negative Charaktereigenschaften erkennen; selten ist ein Mensch nur gut oder nur böse. Daneben gibt es allerdings auch ambivalente (doppelwertige, zwiespältige) Charaktereigenschaften, die nicht eindeutig positiv oder negativ sind.

A 2 Wähle aus dem Ideenspeicher jeweils fünf eindeutig positive, fünf negative und fünf ambivalente Eigenschaften aus, die du schon an Menschen beobachtet hast. (Übertrage die Tabelle in dein Heft.)

Positive Eigenschaften	Ambivalente Eigenschaften	Negative Eigenschaften
• altruistisch		

> **Ideenspeicher**: aggressiv – altruistisch – ausgeglichen – bescheiden – besonnen – charmant – cholerisch – durchsetzungsfähig – edelmütig – egoistisch – ehrgeizig – ehrlich – eifersüchtig – eingebildet – eitel – freundlich – gerecht – gesprächig – großzügig – hilfsbereit – humorvoll – hysterisch – intolerant – intrigant – klug – konsequent – kreativ – langweilig – mutig – locker – neidisch – neugierig – oberflächlich – offen – optimistisch – perfektionistisch – pessimistisch – pflichtbewusst – respektlos – rücksichtslos – selbstbewusst – selbstgefällig – skrupellos – spießig – spontan – tolerant – treu – unfair – ungeduldig – unverschämt – verantwortungsvoll – zurückhaltend – zuverlässig

A 3 Welche positiven Eigenschaften hat Leo bei Jojo entdeckt? Begründe deine Meinung.

Jojo ist ______________, weil er ______________

Er ist ______________, weil er ______________

A 4 Deute nun das Zitat „Du hast ja richtig Charakter." (S. 10, letzte Zeile).

Leos Aussage bedeutet also, dass Jojo ...

b) Wie sich Jojo verhält (Charakterisierung I)

Wollen wir Jojo charakterisieren, so fällt uns zunächst sein Verhalten in der ersten Szene ein: Was er sagt, mag vielleicht witzig klingen, aber im Hinblick auf Leo ist sein Verhalten mehr als fragwürdig. Je nachdem, wie er sich im Verlauf der Einleitungsszene verhält, könnte man zu verschiedenen Einschätzungen gelangen, die mit folgenden Begriffen beschrieben werden könnten.

aggressiv – angeberisch – arbeitsscheu – arrogant – begeisterungsfähig – (will) cool (wirken) – dreist – frech – frustriert – geringschätzig – gönnerhaft – großspurig – „große Schnauze" (S. 25) – humorvoll – kreativ – originell – pubertär – respektlos – rücksichtslos – sarkastisch – sprachbegabt – überheblich – unhöflich – unsensibel – unverschämt – unangepasst – unsympathisch – unzufrieden – von sich eingenommen – vorlaut – witzig – zynisch – ...

A 1 Unterstreiche die Merkmale, die auf Jojo besonders zutreffen, und halte dies in einer Momentaufnahme, die nur für die erste Szene gilt, fest. Mit anderen Worten: Charakterisiere Jojos Verhalten in der ersten Szene.

Auf den ersten Blick scheint Jojo ...

Ein ganz anderes Bild erhalten wir allerdings von Jojo, wenn wir erfahren, wie sich der Sechzehnjährige fühlt. Dieses innere Gefühl der Wertlosigkeit und der Ohnmacht scheint ihn so zu belasten, dass er auf den Vorschlag, einfach mit dem Mädchen zu sprechen, nur sarkastisch reagieren kann:

> „Ich, der große Jojo, der letzte Depp meiner Gang, weil ich so cool bin, dass ich noch nicht einmal schwarzfahren kann. Der Meister des Universums, der noch nicht mal geschafft hat, ne Lehrstelle zu kriegen, und deshalb seine Zeit auf Erden damit zubringt, bei einem Trödler das Lager auszumisten. Folge mir in die kosmischen Weiten, ich spendier dir ne Currywurst, ich hab zwei Tage gespart." (Szene 2, S. 13)

A 2 Skizziere ausgehend von diesem Zitat, welche Misserfolge Jojo in seinem Leben offenbar hatte, und beschreibe seine inneren Gefühle.

Jojo hat mit seinen 16 Jahren bereits die bittere Erfahrung machen müssen, dass er ...

Dies hinterlässt bei ihm vermutlich das Gefühl, dass er ...

A 3 Doch wie passen das forsche Auftreten in der ersten Szene und diese negative Selbsteinschätzung zusammen? Eine Antwort gibt eine psychologische Theorie, die sogenannte „Individualpsychologie“. Lies die Darstellung und unterstreiche die wesentlichen Aussagen.

Minderwertigkeit und Überkompensation

Der Psychologe **Alfred Adler** (1870 – 1937) hat festgestellt, dass Menschen, die sich minderwertig fühlen, zur Überkompensation neigen. Was bedeutet das? Menschen wollen in der Gemeinschaft anerkannt sein. Das ist die Familie, die Klassengemeinschaft, der Freundeskreis (Clique) oder später der Kreis der Arbeitskollegen. Für Jugendliche ist die Anerkennung durch die Peer-Group (also die Gleichaltrigen, an denen sie sich in ihrer Entwicklung zum Erwachsenwerden orientieren) besonders wichtig. Aus den unterschiedlichsten Gründen können sich Menschen aber minderwertig fühlen: Sei es, dass sie mit ihrem Aussehen oder mit ihren Leistungen nicht zufrieden sind; sei es, dass sie glauben, nicht geschätzt zu werden oder keinen Erfolg beim anderen Geschlecht zu haben. Menschen können sich aber auch wegen ihrer Herkunft, fehlender Berufsperspektiven oder ihrer finanziellen Verhältnisse minderwertig fühlen. Was tun sie, wenn sie unter einem solchen „**Minderwertigkeitskomplex**“ leiden?

Sie versuchen dies auszugleichen (zu kompensieren): Der „Kleine“ ist besonders vorlaut oder versucht besonders witzig zu sein; wer wenig hat, wird zum Angeber; wer sich geistig unterlegen fühlt, versucht dies mit körperlicher Gewalt zu kompensieren. Ein bisschen Kompensation ist dabei durchaus normal und menschlich; vielleicht trägt dies zur Anerkennung bei. Das Problem ist aber, dass Menschen dabei oft über das Ziel hinausschießen und übertreiben: Das wird „**Überkompensation**“ genannt. Das Tragische daran ist, dass man überkompensiert, weil man die Anerkennung in der Gruppe sucht, aber das Ergebnis kann sein, dass gerade dieses übertriebene Kompensieren auf Ablehnung stößt – ein schrecklicher Teufelskreis!

Während die „Anderen“ scheinbar alle in der Gruppe anerkannt sind, fühlt sich der „Minderwertige“ aus dem Kreis ausgeschlossen. Durch „Überkompensation“ versucht er seinen Platz zurückzuerobern, übertreibt es in seiner Not aber und stößt damit erneut auf Widerstand und Zurückweisung.

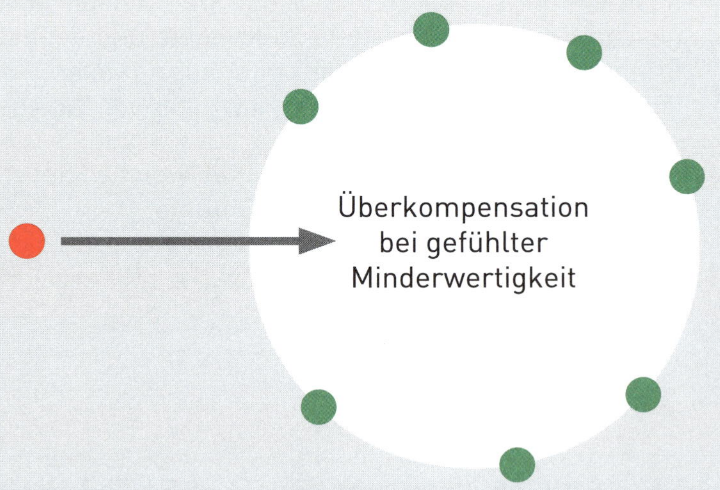

Alfred Adler empfahl, solche Menschen immer wieder liebevoll und behutsam zu ermutigen, ohne Überkompensation die Anerkennung in der Gruppe zu gewinnen.

A 4 Was hältst du von diesem psychologischen Erklärungsversuch? Lässt er sich auch auf Jojo anwenden? Erkläre nun in eigenen Worten, warum sich Jojo anfangs so respektlos gegenüber Leo verhalten könnte.

Vielleicht lässt sich Jojos Verhalten damit erklären, dass er ...

A 5 Glücklicherweise trifft Jojo auf einen Menschen, der ihn anerkennt, der ihm sogar „Charakter" bescheinigt und der ihn zu einem anderen Verhalten ermutigt. Indem Leo den „guten Kern" in Jojo entdeckt und fördert, hat der Sechzehnjährige nun eine Chance, sein Verhalten zu ändern.
Halte fest, inwieweit sich Jojos Verhalten verändert, und verfasse eine abschließende Charakterisierung.

Durch die Anerkennung Leos hat sich Jojo verändert. Er ist nun ...

c) Was Leo denkt (Charakterisierung II)

Auf den ersten Blick ist Leo zu bemitleiden: ein Rentner Ende 60, Bewohner eines Altenheims, der nach einem (vorgetäuschten) Schlaganfall (scheinbar) dement, fast schon ein Pflegefall, zum Schweigen verurteilt ist. Doch rasch wird deutlich, dass Leo mehr kann, als er vorgibt. Er spielt nach außen eine Rolle; er simuliert eine Krankheit, die er in Wirklichkeit nicht hat; er wendet nur eine List an, um nicht in eine geschlossene Abteilung eingeliefert zu werden. Und dass er alles versteht und sich gegen Jojos Respektlosigkeit zur Wehr setzen kann, wird deutlich, als er dem Sechzehnjährigen die Farbe über die Füße leert.

A 1 Die folgenden Stichworte im Speicher helfen, Leo etwas genauer zu charakterisieren. Wähle die treffendsten Stichworte aus und bringe sie in eine sinnvolle Reihenfolge.

direkt – ehrlich – einsichtig – erfahren – empathisch (einfühlsam) – fähig zur Selbstironie – fair – faszinierende Vergangenheit als Boxlegende – genießerisch – gute Balance zwischen Nähe und Distanz – gute Menschenkenntnis – guter Ratgeber – hilfsbereit – humorvoll – ironisch – kann gut zuhören – lebensbejahend – liebenswürdig – listig – (Schlaganfall, Fluchtplan) – menschlich – offen – psychologisch geschickt – selbstsicher – sportlich – tolerant – (groß-)väterliche Rolle – Vorbild für Jojo – weiß, was er will – zeigt Verständnis für Jojos Probleme – ...

A 2 Fasse nun in eigenen Worten Leos innere Eigenschaften zusammen.

A 3 Eine gelungene Charakterisierung bleibt aber nicht bei einer Auflistung von Eigenschaften stehen. Denn der Charakter einer Figur wird erst richtig deutlich, wenn wir auch seine Denkweisen (also seine Einstellungen oder Verhaltensmuster) verstehen. Diese lassen sich am besten von Äußerungen der Figur ableiten. Schau dir die folgenden Zitate an – vielleicht musst du den genaueren Zusammenhang nochmals nachlesen – und halte in eigenen Worten Leos Denkweise fest, indem du die Impulssätze ergänzt.

- „Ein richtiger Boxer hat ein so großes Herz, dass er niemanden hassen kann.“ (Szene 3, S. 17)

Mit dieser Selbstcharakterisierung wird auch der Titel des Theaterstücks besser verständlich. Leo meint damit, dass ...

- „[…] so ist das Leben, ganz k.o. ist man nie. Na gut, man liegt am Boden, dann steht man wieder auf. Es ist schön, wenn man gewinnt, aber wenn man verliert, okay, das nächste Mal." (Szene 3, S. 17)

Seine Erfahrung als Boxer gibt Leo an Jojo weiter. Nach seiner Lebensphilosophie sollte …

- „Ich hätte das nicht tun dürfen, es war falsch." (Szene 3, S. 18)

Mit diesem Eingeständnis zeigt sich, dass Leo …

- „Also los, mach ihn fertig, er hat deine Ehre beleidigt, er hat dich vor allen anderen zum Gespött gemacht, räch dich. Ehre kann man nur mit Blut reinwaschen." (Szene 4, S. 20)

Leos Äußerung ist provokativ und ironisch. Seine Botschaft an Jojo lautet

- „Ich musste mal im Krieg alleine auf Patrouille. […] Ich hab mein Gewehr auch weggelegt und er gab mir die halbe Melone. Wir haben gegessen, zusammen eine Zigarette geraucht und dann bin ich wieder zurückgekrochen." (Szene 4, S. 22)

An diesem Kriegserlebnis kann man Leos pazifistische Einstellung erkennen, das bedeutet

- „Das ist wie im richtigen Leben, du musst immer in Bewegung sein, und irgendwo ist eine Lücke, da kommst du rein. Wenn du dastehst wie eine Schießbudenfigur, gibt es immer jemanden, der Lust hat, dir eine reinzuhauen." (Szene 5, S. 23)

Vom Boxen leitet Leo eine weitere Lebensregel ab. Er empfiehlt/warnt Jojo …

- „Du musst immer mit der Kraft deines Gegners kämpfen, du musst sie in deine eigene verwandeln, das ist das ganze Geheimnis. Je stärker dein Gegner, desto größer deine eigene Kraft." (Szene 5, S. 23)

Leos Geheimnis ist nicht ganz einfach zu verstehen. Er könnte damit aber meinen, dass …

- „Es ist das Normalste von der Welt. Ich fühle mich hier nicht wohl, also gehe ich weg. [...] Ein Freund von mir hat da unten eine Kneipe. [...] Wir haben uns immer gemocht. Er ist blind. [...] Er hat mich eingeladen, mit ihm die Kneipe zu führen. Das wird mir mehr Spaß machen, als hier zu sein. [...] Hier gefällts mir nicht, also gehe ich woandershin, das habe ich mein Leben lang so gemacht.“ (Szene 5, S. 24)

Leo wiederholt in seiner Erklärung einen wichtigen Grundsatz seines Lebens:

A 4 Zur Vertiefung der Charakterisierung solltest du die Art und Weise, in der Leo mit Jojo spricht, etwas genauer untersuchen. Dabei fallen einige interessante Parallelen zu einem berühmten Philosophen auf. Lies den folgenden Kasten und erkläre in eigenen Worten, was man unter der „sokratischen Methode“ versteht.

Sokrates wurde um 470 v. Chr. in Athen als Sohn einer Hebamme und eines Bildhauers geboren. Er zeigte wenig Interesse am Handwerk, vielmehr fühlte er sich zur Lehrtätigkeit und zur Philosophie berufen. Ärmlich gekleidet und mit scheinbar ganz harmlosen Fragen verwickelte er die Menschen auf Straßen und Plätzen in Gespräche, in denen die Angesprochenen oft zur Freude der Zuhörer ihr Nichtwissen eingestehen mussten. Unter dem fragwürdigen Vorwurf, neue Götter einführen und die Jugend verführen zu wollen, wurde er 399 v. Chr. im Alter von 70 Jahren zum Tode durch den Giftbecher verurteilt und hingerichtet.

Sein Ziel war es, positiv auf die Menschen einzuwirken, dabei folgte er unter anderem den folgenden Grundsätzen:
- Besser sei es, Unrecht zu erleiden als Unrecht zu tun.
- Der Mensch solle nicht kritiklos der vorherrschenden Meinung folgen, sondern sich selbst eine eigene Meinung bilden.
- Man solle konsequent sein, also entsprechend der eigenen Überzeugung handeln.

Bedeutsam für die Nachwelt wurde seine Fragetechnik, die nach ihm benannte „sokratische Methode“. Er selbst hat sie mit der Hebammenkunst seiner Mutter verglichen: Durch Provokationen und geschickte Fragen wollte er anderen zur Geburt ihrer Ideen verhelfen. Diese Gesprächstechnik geht davon aus, dass ein Großteil des Wissens unbewusst im Menschen schlummere und durch geschicktes Fragen erweckt werden könne.

Dieses dialogische Prinzip ist bis auf den heutigen Tag eine wesentliche Methode des Schulunterrichts: Der Lehrer stellt Fragen, damit die Schüler selbst zu Erkenntnissen gelangen.

A 5 Belege an einer Textstelle aus dem „Herz eines Boxers“, dass Leo – ähnlich wie einst Sokrates – Jojo durch Provokation und geschicktes Fragen zu Erkenntnissen führt. Das korrekte Zitieren kannst du in Kapitel 1e (vgl. S. 18 f.) nochmals nachlesen. Halte deine Einsicht schriftlich in deinem Heft fest.

d) Wie eine Freundschaft entsteht (Charakterisierung III)

A 1 Eine der spannendsten Fragen ist, wie und wodurch Freundschaft entsteht oder wie man Freunde gewinnt. Je nach Erfahrung werden dafür gegensätzliche Sprichworte angeführt:

- ○ „Gleich und Gleich gesellt sich gern." *oder*
- ○ „Gegensätze ziehen sich an."

Welchem Sprichwort würdest du spontan zustimmen? Kreuze die deiner Meinung nach richtige Aussage an. Schreibe in dein Heft eine kurze Begründung (ca. 50 Wörter) für deine Entscheidung. Lies hierzu auch die folgenden Definitionen und Erläuterungen.

Freundschaft ist eine der intensivsten und wertvollsten zwischenmenschlichen Beziehungen. Sie entsteht, wenn Menschen sich gegenseitig achten, anerkennen und mögen und dies auch in Gesprächen, Verhalten, Gesten oder anderen Zeichen zum Ausdruck bringen. Die Zuneigung bewirkt, dass man sich in der Nähe des Freundes wohlfühlt, dass man Freude empfindet, dass man miteinander lachen, aber auch negative Gefühle teilen kann. Freundschaft bedeutet, dass Freunde füreinander das Gute wollen, und zwar nicht für sich, sondern um des Freundes willen (Wohlwollen).

Zum Wesen der Freundschaft gehören auch gegenseitiges Vertrauen und Verantwortung füreinander. **Vertrauen** ist die Gewissheit, dass sich der Freund wohlwollend verhält. Vertrauen wächst durch die Verlässlichkeit, Glaubwürdigkeit und Echtheit der Menschen sowie durch die Erfahrung, dass man dem Freund Geheimnisse, innerste Gedanken und Gefühle in der Zuversicht anvertrauen kann, dass dieser alles für sich behält und nichts missbraucht. **Verantwortung** für einen Freund zeigt sich, indem man sich um ihn sorgt, wenn es ihm schlecht geht, und indem man versucht ihm uneigennützig zu helfen.

Erstaunlicherweise ist Freundschaft zwischen zwei Menschen selbst bei unterschiedlichen Lebenseinstellungen und Werten möglich, wenn dies auf der Grundlage von Toleranz, Einfühlungsvermögen und gegenseitigem Respekt geschieht. In diesem Sinne ist Freundschaft sogar über Generationen hinweg zwischen Alt und Jung möglich.

A 2 Nun soll die Entwicklung der Freundschaft zwischen Jojo und Leo nachgezeichnet werden. Die folgenden Zitate markieren wichtige Etappen bei diesem Prozess. Wähle fünf Zitate aus, die auf besondere Weise veranschaulichen, wie diese Freundschaft entsteht.

- ○ „Du hast ja richtig Charakter." (Leo in Szene 2, S.11)
- ○ „Du wolltest ein Held sein, damit dein Mädchen dich liebt, und hast eine gute Tat begangen. Es bleibt eine gute Tat, auch wenn dich jetzt alle für einen Trottel halten." (Leo in Szene 2, S. 12)
- ○ „Kauf ihr eine Rose." (Leo in Szene 2, S. 13)
- ○ „Ich möchte dich bitten, mir einen Gefallen zu tun." (Leo in Szene 3, S. 14)
- ○ „Oh Mann, du warst ja ein richtiger Star, du warst ein Boxer." (Jojo in Szene 3, S. 16)
- ○ „Ich hab immer Angst gehabt." (Leo in Szene 3, S. 16)
- ○ „Ich hätte das nicht tun dürfen, es war falsch." (Leo in Szene 3, S. 18)
- ○ „Ich habe mal zwei Tage und Nächte unter dem Fenster einer Frau gewartet, die mein Herz gebrochen hat." (Leo in Szene 3, S. 18)
- ○ „Jojo, mein Junge, was ist denn los?" (Leo in Szene 4, S. 19)
- ○ „Ich hab dein Zeug verkauft." (Jojo in Szene 4, S. 20)

- O „Also los, mach ihn fertig, er hat deine Ehre beleidigt, er hat dich vor allen zum Gespött gemacht, räch dich, Ehre kann man nur mit Blut reinwaschen.“ (Leo in Szene 4, S. 20)
- O „Morgen zeig ich dir, wie ein Boxer sich vor Schlägen schützt.“ (Leo in Szene 4, S. 22)
- O „Ich bin stolz auf dich. [...] Weil du so ein gerissener Händler bist. [...] Wenn ich so klug wie du gewesen wäre, säße ich jetzt nicht hier. Deine Selbstbeherrschung möchte ich haben. “ (Leo in Szene 4, S. 23)
- O „Ich wünsch dir Glück.“ (Leo und Jojo in Szene 5, S. 25)
- O „Du bist nicht müde, du bist bis an die Kiemen voll mit Drogen, du musst dich bewegen. [...] Hier unten, damit du mir nicht von der Leiter kippst.“ (Jojo in Szene 6, S. 28)
- O „Mensch, nun lass dir die Laune doch nicht so versauen, Alter. Ein Boxer ist nie ganz k.o., hast du selber gesagt.“ (Jojo in Szene 6, S. 28)
- O „Wenn das irgendwie klappt, komme ich mal mit ihr vorbei.“ (Jojo in Szene 6, S. 29)
- O „Das musst du unbedingt üben, bevor du rausgehst. [...] Kapierst du denn nicht? Du ziehst den ganzen Plunder hier an und marschierst zum Bahnhof [...]. “ (Jojo in Szene 6, S. 31)
- O „Weißt du, was mich das an Überwindung gekostet hat, hier so aufzutauchen?“ (Szene 7, S. 31)
- O „Es ist schon lange nicht mehr vorgekommen, dass sich jemand für mich, wie hast du gesagt? – den Arsch aufreißt.“ (Leo in Szene 7, S. 32)
- O „Man kann dich doch hier nicht vergammeln lassen.“ (Jojo in Szene 7, S. 32)
- O „Irgendwas wird mir schon einfallen, irgendwie sehe ichs grade nicht mehr so eng. [...] Du warst eine gute Lektion.“ (Jojo in Szene 7, S. 33)
- O „Okay, Freunde, hier kommt der rote Jojo [...].“ (Jojo in Szene 7, S. 33)

A 3 Was genau passiert bei diesen fünf von dir gewählten Textstellen im Hinblick auf die Freundschaft der beiden Protagonisten? Wähle jeweils die richtige „Interpretation“ für die jeweilige Stelle aus dem Ideenspeicher.

Ideenspeicher: anerkennen – anvertrauen – die Augen öffnen – beibringen – bewundern – sich einfühlen – auf den anderen eingehen – einsichtig sein – ernst nehmen – falsche Einstellungen infrage stellen – einen Gefallen tun – Größe beweisen – es gut meinen mit ... – helfen – sich hineinversetzen – Humor zeigen – sich identifizieren – den guten Kern erkennen – Kritik annehmen – voneinander lernen – offen die Meinung sagen – zum Nachdenken bringen – Ratschlag geben/annehmen – etwas für den anderen riskieren – sich sorgen um – sympathisch finden – Verständnis haben/zeigen – Vorbild sein – Vorurteile überwinden – warnen – sich wohlfühlen – würdigen – zuhören

Textstelle 1: ______

Textstelle 2: ______

Textstelle 3: ______

Textstelle 4: ______

Textstelle 5: ______

A 4 Fasse nun in deinem Heft schriftlich zusammen, wie aus Leo und Jojo Freunde werden.

e) Eine Charakterisierung schreiben (Aufsatzlehre)

Methodenwissen: Charakterisieren

- Sollen Figuren charakterisiert werden, so sollte man nicht einfach losschreiben, vielmehr ist zunächst eine **Materialsammlung** unerlässlich. Die **Charaktereigenschaften** müssen auf Konzeptpapier zunächst **gesammelt** und in einer sinnvollen Reihenfolge **gegliedert** werden. Und für die Eigenschaften, die die Figur am stärksten prägen, müssen Zitate gesammelt werden, damit die Charakterisierung auch am Dramentext belegt und damit für den Leser überprüfbar gemacht werden kann. Doch was ist bei einer Charakterisierung zu beachten?

- Die **Charakterisierung** einer literarischen Figur geht zunächst von den **äußeren Merkmalen** (Alter, Geschlecht) und dem **sozialen Status** (arbeitslos, ohne Ausbildung, Rentner, alleinstehend usw.) aus. Dann konzentriert sich die Charakterisierung auf die **inneren Merkmale**, die eine Figur prägen und kennzeichnen, also die **Charaktereigenschaften**.

- Aufmerksam muss man das **Verhalten** der Figuren beobachten: Wer sich wie Jojo, ohne um Erlaubnis zu bitten, in einem fremden Zimmer einfach eine Zigarette ansteckt, zeigt, dass er sich ungern an die Regeln der Höflichkeit hält, dass er konventionelle Normen missachtet. Umgekehrt erweist sich der gleiche Jojo durch sein Verhalten in den letzten beiden Szenen als ausgesprochen fürsorglich und hilfsbereit.

- Gerade bei Theaterstücken ist besonders genau auf die **Äußerungen** der Figur zu achten, denn oft verrät sich im Sprechen schon die eine oder andere Charaktereigenschaft. Wenn Jojo beispielsweise vorschlägt: „Also wenn du Spaß dran hast, bring ich dir auch gerne Sprechen bei", zeigt er nicht nur, dass er nicht viel von Leo hält; vielmehr charakterisiert er sich selbst als überlegen und arrogant. Wenn umgekehrt Leo bewundernd feststellt: „Du hast ja richtig Charakter", dann lobt er damit nicht nur Jojo, sondern er charakterisiert sich damit auch selbst als einen Menschen, der zuhören und vorurteilslos den guten Kern im Anderen entdecken kann.

- Besonders aufschlussreich sind auch die **Beziehungen zu anderen Personen**, denn viele Charaktereigenschaften spiegeln sich in den Beziehungen (bzw. in den fehlenden) zu anderen Menschen. Manchmal wird eine Figur durch eine andere charakterisiert. Zuweilen kommt es sogar vor, dass sich eine Figur selbst charakterisiert (*„Ich bin doch nur ein armer alter Mann."* – Leo auf S. 24), solche Charakterisierungen durch die Personen selbst sind durchaus hilfreich und können auch berücksichtigt werden, allerdings ist bei diesen **Fremd- und Selbstcharakterisierungen** Vorsicht angezeigt: Denn die Figuren könnten sich irren oder absichtlich ein falsches Bild von anderen oder von sich selbst abgeben (*„Ich will mit denen sowieso nichts mehr zu tun haben"* – Jojo auf S. 22).

- Die Charakteristik ist allerdings mehr als die Auflistung einzelner Eigenschaften. Es ist das **Gesamtbild** einer Figur, das während der Lektüre allmählich entsteht, indem der Leser verschiedene Textstellen kombiniert, manches, was „zwischen den Zeilen steht", herausliest und deutet.

- Natürlich können auch zwei Charaktere miteinander verglichen werden. **Ein** solcher **Vergleich** ist aber nur sinnvoll, wenn es nicht nur Unterschiede, sondern auch Gemeinsamkeiten gibt. So unterschiedlich Jojo und Leo anfangs auch erscheinen mögen, so ergänzen sie sich doch im Laufe der szenischen Handlung. Mehr noch: Sie werden Freunde und beide wandeln sich durch ihre Freundschaft von „Verlierern" zu „Siegern". Diese Gemeinsamkeit könnte eine ergiebige Grundlage für einen Vergleich der beiden sein. Dies ist allerdings bereits eine recht komplexe Aufgabenstellung.

Fragenkatalog: Charakterisierung

Für das Schreiben einer Charakterisierung ist es hilfreich, die folgenden Fragen abzuarbeiten:

- Wird die Person von anderen charakterisiert oder charakterisiert sie sich selbst?
- Welche Verhaltensweisen sind typisch für diese Figur? Besonders aufschlussreich sind hierbei die Regieanweisungen!
- Durch welche Äußerungen lässt sich die Figur treffend charakterisieren? Lohnt es sich, diese Äußerung wörtlich zu zitieren?
- Lässt sich von den äußeren Merkmalen auf innere Eigenschaften und Charakterzüge schließen?
- Macht die Figur eine Entwicklung durch?
- Welche Beziehungen bestehen zu anderen Figuren (zu Leos Freund in Südfrankreich, zu Jojos Clique, zur Freundin)? Wie ist die Beziehung zwischen Jojo und Leo selbst? Gerade der Vergleich mit einer anderen Figur ermöglicht oft interessante Einsichten.
- Welches Gesamtbild ergibt sich aus all diesen Beobachtungen? Inwiefern ist es typisch für die jeweilige Generation? Inwiefern prägen die Charaktereigenschaften den Handlungsverlauf?

A Schreibe nun einen Aufsatz in deinem Heft. Dafür benötigst du etwa neunzig Minuten. Der Umfang sollte mindestens zwei Seiten (450 – 600 Wörter) betragen, denn du solltest dabei mindestens drei Schlüsselzitate anführen. Entscheide dich für eines der drei Themen und beachte dabei die jeweilige Fragestellung. Der Ideenspeicher unterhalb der Aufgabenstellung hilft dir, wenn du überprüfen möchtest, ob du an alle Charaktereigenschaften gedacht hast.

Thema 1: Charakterisiere Jojo! Untersuche und erläutere dabei, wie er sich nach außen verhält und welche inneren Eigenschaften allmählich zutage treten.

Thema 2: Charakterisiere Leo! Untersuche und erläutere dabei, welche Werte er vertritt und was ihn für Jojo interessant macht.

Thema 3: Vergleiche Jojo und Leo! Untersuche und erläutere dabei, wie zwei zunächst so unterschiedliche Menschen Freunde werden können.

Ideenspeicher zu möglichen Charaktereigenschaften: angeberisch – arbeitsscheu – arrogant – authentisch – (will) cool (wirken) – direkt – ehrlich – einsichtig – erfahren – empathisch (einfühlsam) – fair – frech – frustriert – fürsorglich – gefühlvoll – genießerisch – geradlinig – geringschätzig – großspurig („große Schnauze") – gute Menschenkenntnis – guter Ratgeber – hilfsbereit – humorvoll – ironisch – jung geblieben – kann gut zuhören – kreativ – lebensbejahend – liebenswürdig – menschlich – offen – originell – pfiffig – psychologisch geschickt – pubertär – respektlos/voll – rücksichtslos/voll – sarkastisch – selbstkritisch – selbstsicher – sportlich – sprachbegabt – überheblich – (un)höflich – (un)sensibel – unverschämt – (un)angepasst – (un)sympathisch – (un)zufrieden – verständnisvoll – von sich eingenommen – vorbildlich – vorlaut – weiß, was er will – witzig – zynisch

Viel Erfolg bei dieser anspruchsvollen Aufgabe!

3. Die Welt des Theaters entdecken

a) Vom Dramentext zur Aufführung

Hat ein **Dramatiker** wie Lutz Hübner ein Theaterstück geschrieben, so ist es meist ein langer Weg bis zur Aufführung.

Zunächst muss ein **Intendant** gefunden werden, der nicht nur von der Qualität des Dramas begeistert ist; vielmehr muss er sich auch erhoffen, dass das Theaterstück beim Publikum „ankommt". Denn schließlich finanziert sich das Theater neben staatlichen und kommunalen Zuschüssen vor allem durch den Verkauf von Eintrittskarten.

Ist der Intendant vom Erfolg des Theaterstücks überzeugt, beauftragt er einen seiner **Dramaturgen** den Text genau zu lesen und mit Blick auf die Zielgruppe und die zur Verfügung stehende Zeit eventuell Kürzungen vorzunehmen. Dabei überlegt er sich, wie dieses Stück in den Spielplan des Theaters integriert werden kann, und er macht Vorschläge für die Besetzung der einzelnen Rollen. Außerdem recherchiert er Hintergrundmaterial, um Regisseur und Schauspieler mit den notwendigen Informationen zu versorgen. Diese benötigt er auch, um das Programmheft zu entwerfen, in dem die Zuschauer beispielsweise über die Biografie des Autors, den historischen Hintergrund oder Besonderheiten der Inszenierung informiert werden. Ist er zudem für die Öffentlichkeitsarbeit zuständig, so wird er für das Theaterstück werben, also Plakate in Auftrag geben oder Veranstaltungshinweise in Zeitungen oder anderen Medien publik machen. Und immer wieder wird er mit dem Regisseur Kontakt aufnehmen und die Proben beratend begleiten.

Nach diesen vorbereitenden und begleitenden Maßnahmen übernimmt der **Regisseur** die Verantwortung für die **Inszenierung** des Stücks. Grundlage für die Inszenierung ist die **Interpretation** des Stücks: Was war die Absicht des Autors? Und welche Botschaft enthält das Stück für die aktuellen Zuschauer? Von diesen beiden Fragen hängt ab, ob das Theaterstück möglichst **werktreu**, also entsprechend der Vorlage, inszeniert wird oder ob es aktualisiert und stärker auf die Situation der Zuhörer zugeschnitten werden soll. Entfernt sich der Regisseur weit von der Originalvorlage, so spricht man auch von **Regietheater**. In diesem Fall ist der kreative Anteil des Regisseurs besonders groß. Nun muss der Regisseur seine Vorstellungen mit den Schauspielern und der Bühnentechnik besprechen und schließlich die Proben leiten.

Bei der Inszenierung sollten das literarische Werk, die Interpretation, die Regieführung und die Schauspielkunst eine Einheit bilden.

Theater Bilitz: Gabor Nemeth als Jojo und Roland Lötscher als Leo

Dieser aufwändige Prozess und sein Ergebnis, die Aufführung vor dem Publikum, wird Inszenierung genannt: Szene für Szene wird in ihrem Ablauf geplant und mit den Schauspielern solange geprobt, bis das Theaterstück für das Publikum aufführungsreif ist. Besonders wichtig sind dabei die Sprechtechnik und Schauspielkunst der Darsteller: Lautstärke, Betonung und Intonation, Sprechtempo und Pausentechnik, aber auch Blickkontakt, Mimik, Gestik und Haltung sowie Nähe und Distanz der Darstellenden zueinander werden unter Anleitung des Regisseurs einstudiert und aufeinander abgestimmt. Schließlich müssen auch die Beleuchtung der einzelnen Szenen und die Maske, also die Schminke und Verkleidung der Schauspieler, sorgfältig geplant und immer wieder optimiert werden.

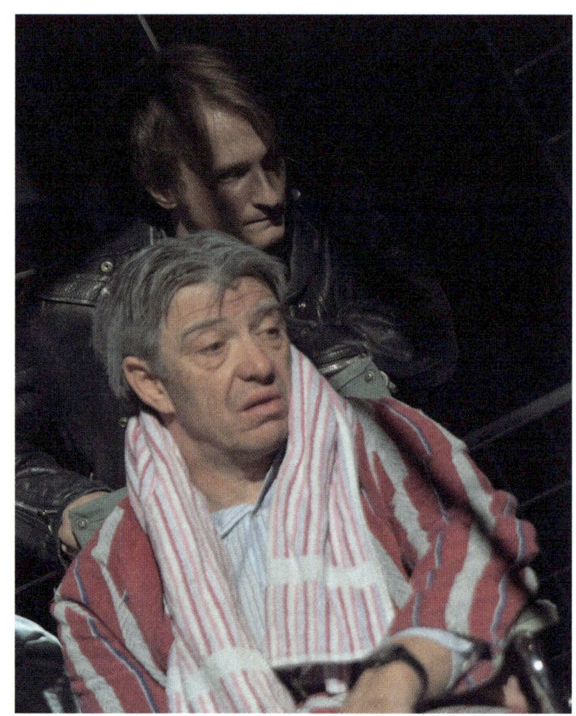

Wissen: Inszenierung

Inszenierung ist das In-Szene-Setzen des Dramentextes auf der Bühne. Die schriftliche Vorlage wird in ein Aufführungsereignis verwandelt, das das Publikum hören und sehen, also miterleben kann. In der Inszenierung verschmelzen der literarische Text, die Vorbereitungen der Dramaturgie, die darstellenden Schauspieler, die Bühnentechnik und die Anleitungen der Regie zu einer ästhetischen Gesamtheit, zu einem Kunstwerk.

A Bei so vielen Fachbegriffen kann man leicht den Überblick verlieren. Ordne daher aus dem Begriffsspeicher die richtigen Fachbegriffe zu. Die Kennbuchstaben ergeben das Ziel, auf das alle Bemühungen der Inszenierung ausgerichtet sind.

( ) ______________________ : Schriftsteller, der das Theaterstück (Drama) schreibt

( ) ______________________ : Fachmann, der das Drama auswählt und vorbereitet

( ) ______________________ : Lehre von der theatralischen Aufführung

( ) ______________________ : künstlerischer und geschäftlicher Leiter eines Theaters

( ) ______________________ : verantwortlicher Leiter der Inszenierung

( ) ______________________ : der Ort, an dem das Schauspiel aufgeführt wird

( ) ______________________ : die visuelle Ausgestaltung des Bühnenraums

( ) ______________________ : Anordnung und Regelung der Scheinwerfer

( ) ______________________ : Geschminkt-Sein und Verkleidung der Schauspieler

(R) Maske – (A) Bühne – (H) Regisseur – (U) Dramaturg – (Z) Dramatiker – (E) Beleuchtung – (U) Bühnenbild – (S) Dramaturgie – (C) Intendant

b) Regie-Anweisungen ernst nehmen

Zimmer in einem Altersheim, ungemütlich, klein. Ein Tisch, Sessel, ein Fenster zum Park. Viele Kartons, keine Bilder an der Wand. [...]

Leo kommt herein, auf einem Tisch liegen ein frisches Handtuch und eine kleine Schale mit Tabletten. Leo hängt sich das Handtuch um, schüttet sich die Tabletten in die Hand, geht zum Fenster, öffnet es, sieht sich um, dann schmeißt er die Tabletten in hohem Bogen nach draußen, er schließt das Fenster.

Er markiert ein paar Boxschläge, ein Geräusch ist draußen zu hören. Leo setzt sich schnell in den Sessel, zieht sich eine Decke über die Füße, rückt den Sessel Richtung Fenster, sieht nach draußen. Die Tür geht auf, Jojo kommt herein, er hat Folie, einen Eimer weiße Wandfarbe und Pinsel dabei. (S. 5)

A 1 Noch ist in diesem Theaterstück kein Wort gesprochen, aber schon ergeben sich durch die Regieanweisungen einige Fragen. Versuche sie einmal intuitiv – also ohne es genau zu wissen, deiner Vorahnung folgend – stichpunktartig zu beantworten.

- Welcher Eindruck soll dem Zuschauer von einem Altersheim vermittelt werden?
- Was könnten die Kartons enthalten? Wieso hängen keine Bilder an der Wand?
- Welchem Bereich entstammt die Geste des Sich-ein-Handtuch-Umhängens?
- Um welche Art von Tabletten könnte es sich handeln?
- Was verrät Leo, als er sich umsieht?
- Warum wirft er die Tabletten aus dem Fenster?
- Was verrät er, als er sie in hohem Bogen wegwirft und danach Boxen markiert?
- Was könnte Leo inszenieren, als er sich schnell auf den Sessel setzt?

A 2 Lies die folgende Definition aufmerksam durch und unterstreiche das Wesentliche.

Wissen: Regie-Anweisungen

In Regie-Anweisungen (auch: Bühnen- oder Szenenanweisungen) gibt der Autor vor, wie er sich an wichtigen Stellen, deren Ausgestaltung er nicht allein dem Regisseur überlassen möchte, die Inszenierung vorstellt. Diese „Anweisung" legt nicht nur das Bühnenbild und die Requisiten, die Beleuchtung und die Bühnengeräusche fest; vielmehr schreibt der Autor auch das Verhalten einzelner Figuren vor sowie ihre Redeweise, ihre Mimik oder ihre Gestik. Die Regieanweisung kann vor, in, zwischen oder nach der Figurenrede stehen. Dieser „Nebentext" ist meist durch kursive Schreibweise oder durch Klammern vom Haupttext abgesetzt und sprachlich knapp formuliert („*Mann Ende sechzig*" oder „*kommt von links*" oder „*leise*"/„*laut*" oder „*Stille*" oder einfach nur „*Black*" bzw. „*Vorhang*").

Da der Autor mithilfe der Regieanweisung eine Szene anschaulicher gestaltet, können wir aus dieser bewussten Gestaltungsvorgabe auf die Vorstellung des Autors und damit auf seine Absicht schließen. Regieanweisungen können daher ebenfalls gedeutet und zur Interpretation herangezogen werden!

A 3 Deute die jeweiligen Regieanweisungen. Notiere deine Einschätzung und begründe sie.

Jojo geht die Leiter hoch, beginnt verbissen zu arbeiten.
leise So ein Arschloch, so ein verdammtes Arschloch.
laut Ich mein nicht dich.
Er streicht. (S. 9 f.)

Leo steht auf, gibt dem völlig verdatterten Jojo ein Handtuch, der beginnt sich die Haare trocken zu reiben. Leo lässt eine Tasse Tee aus dem Samowar, Jojo steigt die Leiter herunter, Leo gibt ihm die Tasse.
Jojo Ich glaub, mein Schwein pfeift.
Jojo trinkt einen Schluck.
Jojo Sag mal, was ist denn das für ne Sorte?
Leo lächelt. (S. 11)

c) Und Leo schweigt

Leo erhebt sich langsam, Jojo streckt die Hand aus, Leo gibt Jojo den Farbeimer hoch, schrägt ihn dabei immer mehr an.

Jojo **Hey pass auf, der kippt gleich.**

Die Farbe läuft Jojo über die Füße.

Sag mal, bist du bescheuert?

(Ende der ersten Szene, S. 9)

A 1 Ist Leo wirklich so „bescheuert" oder hat er dies absichtlich getan? Versetze dich in Leo hinein und stelle Vermutungen an, warum er Jojo Farbe über die Füße schüttet.

Wissen: Innerer Monolog und Subtext

„Innerer Monolog" bezeichnet die **Wiedergabe von in Wirklichkeit unausgesprochenen Gedanken oder Empfindungen** in direkter **Ich-Form**.

In der Epik ist der innere Monolog eine Erzähltechnik, bei der der Bewusstseinsstrom einer Figur unmittelbar – ohne Zensur durch den Erzähler – wiedergegeben werden kann. Dadurch kann sich der Leser leichter in die Figur hineinversetzen.

Ist der innere Monolog vom Autor nicht ausgeführt, kann der Leser diese „**Leerstelle**" selbst ausfüllen und so das Geschehen deuten. Der Leser formuliert, was der Autor offen gelassen hat. Er schreibt beispielsweise auf, was eine Figur unmittelbar gedacht haben könnte. Da Gedanken unkontrolliert fließen und sich dabei nicht unbedingt an die sprachlichen Regeln eines schriftlichen Textes halten, können diese Gedanken relativ frei gestaltet werden. Beim **Drama** spricht man neben dem inneren Monolog auch von dem „**Subtext**".

A 2 Bedauerlicherweise erfahren wir nicht, was sich Leo gedacht hat, während er Jojo zuhört. Was hätte er gesagt, wenn er nicht geschwiegen hätte? Oder besser: Was hat er vermutlich gedacht, während er geschwiegen hat? Dazu brauchen wir uns nur noch einmal in Erinnerung rufen, was sich Leo von Jojo alles hat anhören müssen. Welche Äußerungen könnten Leo in der ersten Szene zu einer Reaktion veranlasst haben? Schreibe einen inneren Monolog/Subtext, der Leos Gedanken und Empfindungen unmittelbar zum Ausdruck bringt.

Leo denkt bei sich:

d) Szenenbilder beschreiben, analysieren und interpretieren

Wenn die Inszenierung steht, dann gibt es für den Zuschauer einiges zu sehen und zu beobachten. Der Regisseur hat aus dem dramatischen Text ein visuelles Ereignis gemacht, das auch ohne die Worte des Autors bzw. die Sprache der Schauspieler Wesentliches zum Ausdruck bringt.

Theater Miluna: Jurij Diez als Leo

A 1 Halte fest, was du auf dem Szenenfoto alles beobachten kannst. Dabei sollen dich die Leitfragen auf bemerkenswerte Details aufmerksam machen.

- Welcher Gesamteindruck wird durch die Beleuchtung erzeugt?
- Wie wirkt die kahle Wand rechts und der transparente, weiße Vorhang?
- Woran erinnert der Blick aus dem Fenster?
- Was könnte der kleine Heizkörper unter dem Fenster, was könnten Radio und Samowar signalisieren?
- Was verrät Leos Haltung auf dem Stuhl?

Theater Bilitz: Gabor Nemeth (Leo) und Roland Lötscher (Jojo)

A 2 Schaut man genauer hin, dann lässt sich auch an Blickkontakt und Mimik, an Haltung und Zuwendung sowie am Bühnenbild einiges ablesen. Analysiere dieses zweite Szenenfoto. Dabei sollen dich die Leitfragen wiederum auf bemerkenswerte Details aufmerksam machen.

- Welcher Gesamteindruck entsteht durch die Gitter?
- Welche Wirkung erzielt die unterschiedliche Kleidung?
- Was signalisieren Blickkontakt und Mimik einerseits von Leo, andererseits von Jojo?
- Was verrät die Position der beiden Schauspieler, was zeigt Jojos Zuwendung gegenüber Leo?
- Charakterisiere die Beziehung zwischen beiden.

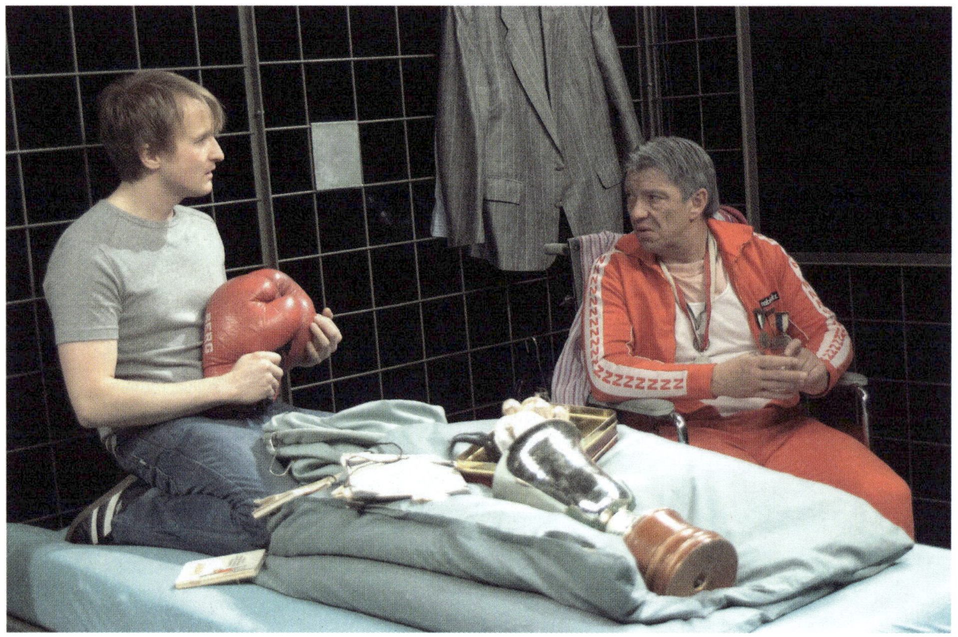

Theater Bilitz: Gabor Nemeth (Leo) und Roland Lötscher (Jojo)

A 3 Dieses Foto enthält so viele Informationen, dass es wie ein Text gedeutet und interpretiert werden kann. Auch hierbei könnten die folgenden Leitfragen hilfreich sein:

- Auf welche Weise sprechen Leo und Jojo miteinander?
- Welches Thema bietet sich in dieser Situation an? Worauf verweisen die Requisiten? Was verrät die jeweilige Kleidung, auch die nicht getragene im Hintergrund?
- Warum wird bei diesem Foto auf das vordere Gitter verzichtet?
- Wie lässt sich die Beziehung zwischen Leo und Jojo charakterisieren?

Beantworte die Fragen und interpretiere damit das gesamte Bild.

e) Szenenbilder laden zu Monolog und Dialog ein

Natürlich gibt es bei einer Inszenierung nicht nur vieles zu beobachten. Jede einzelne Szene lebt vor allem von den sprachlichen Äußerungen der Figuren bzw. der Schauspieler.

Theater Miluna: Jurij Diez (Leo) und Jurek Milewski (Jojo)

A 1 Betrachte dieses Szenenfoto und schreibe einen inneren Monolog/Subtext sowohl für Jojo als auch für Leo (vgl. hierzu die Erläuterung auf S. 35). Die Leitfragen geben dir dazu einige Anregungen.

- Was bedeutet es, dass Jojo mit geschlossenen Augen auf dem Boden liegt und sich von Leo beobachten lässt?
- Was signalisieren Leos Blick, seine Mimik und seine Haltung?
- Woran mag Jojo denken? An seine Clique? An den Anführer der Clique oder an das Mädchen? Träumt er vom Boxen?
- Welche Formulierungen könnten zu dieser Situation passen?

Szenenfotos können aber auch zum Dialog einladen. Denn die Handlung wird auf der Bühne vor allem durch Rede und Gegenrede vorangetrieben.

Theater Miluna: Jurij Diez (Leo) und Jurek Milewski (Jojo)

A 2 Schreibe in deinen eigenen Worten einen Dialog, der zu diesem Szenenbild passen könnte. Wähle ein Thema, bei dem Leo und Jojo einander in die Augen schauen könnten. Lass ein lebhaftes Gespräch zustande kommen, indem du kurze Äußerungen von maximal zwei Zeilen formulierst. Bring das Gespräch zu einem sinnvollen Abschluss.

Leo: ______________________________

____

Jojo: ______________________________

____

Leo: ______________________________

____

Jojo: ______________________________

____

Leo: ______________________________

____

Jojo: ______________________________

____

Leo: ______________________________

____

Jojo: ______________________________

____

______________________________ *Black!*

A 3 Formuliere in deinem Heft auch zu dieser Szene jeweils einen inneren Monolog, den Leo und Jojo denken könnten.

A 4 Jojo auf der Leiter: Was könnte er in dieser Szene Leo zu sagen haben? Schreibe den Monolog Jojos in dein Heft.

f) Dialoge auf den „Brettern, die die Welt bedeuten" (Dramentheorie)

Friedrich Schiller (1759 – 1805), d e r deutsche Dramatiker, der mit seinen Stücken Theatergeschichte geschrieben hat, hat in dem Gedicht „An die Freunde" (1803) formuliert:

„Sehn wir doch das Große aller Zeiten
Auf den Brettern, die die Welt bedeuten,
Sinnvoll still an uns vorübergehn.
Alles wiederholt sich nur im Leben,
Ewig jung ist nur die Phantasie;
Was sich nie und nirgends hat begeben,
Das allein veraltet nie!"

Schiller zeigt darin wesentliche Merkmale von Theater auf:

Auf der Bühne – das sind die „Bretter", auf denen die Schauspieler stehen – wird die **Welt** dargestellt – zumindest ein Ausschnitt aus der Welt.

Auf der Bühne ist „das Große aller Zeiten" zu sehen: Theaterstücke behandeln also **Themen, die über den Augenblick hinaus von Bedeutung sind**, etwa *Freundschaft* und *Liebe* oder die *Überwindung von Vorurteilen*. „Sinnvoll" ist dabei alles, was die Zuschauer auf die eigene Situation übertragen können, wenn sie persönlich mit dem Thema etwas anfangen können und wenn sie sich selbst betroffen fühlen.

Dabei „sieht" der Zuschauer eine Darstellung, die „nie und nirgends" ist, die also **fiktional** (erfunden) ist – ein wesentliches Merkmal aller literarischen Gattungen.

Der Zuschauer sieht mit eigenen Augen und hört mit eigenen Ohren, was ihm **kein Erzähler** vermittelt. Er nimmt das Geschehen (was „vorübergeht") **unmittelbar** wahr.

Interessanterweise wird dabei die Handlung weniger durch das Geschehen auf der Bühne vermittelt, als vielmehr durch die Gespräche zwischen den Figuren. Die **Dialoge** sind das wesentliche Handlungselement. Die Figuren handeln, indem sie sprechen. Dies wird auch als ein „Sprechakt" oder eine „Sprechhandlung" bezeichnet.

Die Entwicklung der Handlung durch Dialoge schließt aber nicht aus, dass in besonderen Situationen nur eine Figur spricht, ohne dass eine andere anwesend ist. Dies wird **Monolog** genannt und dient dazu, innerste Gedanken und Gefühle der Figur zu offenbaren.

A 1 Fasse nun – ausgehend von diesen Merkmalen – zusammen, inwiefern Lutz Hübners literarisches Werk weder ein Gedicht noch eine Erzählung, sondern ein Theaterstück ist.

Das „Herz eines Boxers" ist eindeutig ein Drama, weil ...

Schiller hat das Theater einmal als eine „moralische Anstalt" bezeichnet, die die Zuhörer zu Normen, Werten und verbesserten Verhaltensweisen erziehen will. Dabei hat Theater mindestens drei Funktionen:

- wichtige Aspekte der Welt darzustellen (lat. *docere*)
- zu unterhalten (lat. *delectare*)
- die Zuschauer zu neuen Einsichten und Einstellungen zu bewegen (lat. *movere*).

Durch die Darstellung des Guten und des Bösen versucht Theater also nicht nur Gefühle zum Ausdruck zu bringen, sondern diese bei den Zuschauern zu erzeugen – ob Lachen oder Weinen! Indem der Zuschauer aufgerüttelt, provoziert, schockiert oder erschüttert wird, soll er von den Ansichten des Dramatikers überzeugt werden.

A 2 Halte fest, welche Funktion des Theaters deiner Meinung nach in unserem Jugendtheaterstück im Vordergrund steht, und begründe deine Einschätzung.

Das „Herz eines Boxers" hat vor allem die Funktion ...

A 3 Lies nun die genaue Definition von „Drama" und unterstreiche die wesentlichen Aussagen.

Wissen: Drama

Neben Epik und Lyrik ist das Drama die dritte literarische Gattung, die ein Publikum mit einem fiktionalen Inhalt konfrontiert. Das Drama wird für eine Inszenierung und Aufführung in einem Theater geschrieben. Das schließt nicht aus, dass der Dramentext auch gelesen werden kann. Das Theaterstück besteht aus der direkten Rede der Figuren (Haupttext), den Regieanweisungen und dem Personenverzeichnis (Nebentext). Das Drama ist traditionell je nach dem Auftritt der Figuren in unterschiedliche Szenen und – im Heben des Vorhangs sichtbar – in Akte gegliedert. Die beiden wichtigsten Arten von Dramen sind die Komödie und die Tragödie. Die **Komödie** möchte mit den Mitteln der Komik zum Lachen reizen, um so menschliche Unzulänglichkeiten lächerlich zu machen und damit zu kritisieren. Die **Tragödie** möchte durch das „tragische Ende" des Helden aufrütteln und erschüttern. In beiden Fällen sollen die Gefühle des Zuschauers geweckt werden.

Neben „Das Herz eines Boxers" gibt es weitere aktuelle Jugendtheaterstücke:

Igor Bauersima:	**norway.today**
Gripstheater:	**Linie 1**
Kai Hensel:	**Klamms Krieg**
Ulrich Hub:	**Nathans Kinder**
Lutz Hübner:	**Creeps oder Aussetzer**
Tina Müller:	**Bikini**
Thomas Oberender:	**Nachtschwärmer**
Anne C. Voorhoeve:	**Lilly unter den Linden**

A 4 Recherchiert in der Schulbibliothek oder im Internet, um welche Themen es in diesen Stücken geht. Wählt ein Drama aus, das ihr gerne lesen – oder besser noch – im Theater anschauen wollt.

4. Themen, Texte und Filme zur Vertiefung

a) Thema „Alter“: Fluch oder Segen?

„Weißt du, es ist nicht immer einfach, alt zu sein, wenn einen die Leute wie einen Idioten behandeln.“

(Leo, 3. Szene, S. 17)

A 1 Informiert euch im Internet über verschiedene Aspekte des Altwerdens. Geht dabei arbeitsteilig (am besten in Partnerarbeit) vor und recherchiert einen der nachfolgenden Begriffe aus dem Speicher. Notiert stichpunktartig eure Ergebnisse, sodass ihr anschließend die Klasse über eure Ergebnisse informieren könnt.

Altersalkoholismus – Altersarmut – Altersdepression – Alterssuizid – Altersweisheit – Alzheimer – Angst vor dem Sterben/Tod – Anti-Aging – Arthrose – Demenz – Diabetes mellitus – Einsamkeit – Geriatrie/Gerontologie – Glück im Alter – Herzinfarkt – Herzinsuffizienz – Hypochondrie – Inkontinenz der Blase oder des Darms – Krebs – offene Beine – Osteoporose – Parkinson – Rollator/Rollstuhl – Schlaganfall – Schwerhörigkeit/Taubheit – Schwindel – Sehschwäche/Erblindung – Senilität – Zahnverlust

Recherche-Ergebnisse für die Klasse:

A 2 Interessanterweise gibt es auch in Musik, Literatur und Film bemerkenswerte Titel, die das Älterwerden oder das Alter behandeln. Recherchiert, welche Ideen sich jeweils hinter diesen Titeln verbergen, und informiert gegebenenfalls eure Mitschüler darüber.

Songs, Literatur und Filme zum Thema „Alter“
„Mit 66 Jahren fängt das Leben an“ (Udo Jürgens)
„When I get old and loosing my hair … when I'm sixty-four“ (Beatles)
„Der alte Mann und das Meer“ (Ernest Hemingway)
„Der Hunderjährige, der aus dem Fenster stieg und verschwand“ (Jonas Jonasson)
„Die unwürdige Greisin“ (Bertolt Brecht)
„Harold and Maude“ (Film von Hal Ashby, 1971)
„Sein letztes Rennen“ (Film mit Dieter Hallervorden, 2013)
… weitere Titel, die dir bei der Recherche begegnen

A 3 Diskutiert in der Klasse eure Einschätzungen darüber, welche Chancen das Alter trotz mancherlei Einschränkungen bietet. Wie könnt ihr euch „Glück im Alter“ vorstellen?

b) Interview zum Thema Alter mit der Ärztin Iris Heßelbach

Iris Heßelbach ist Chefärztin der Rehabilitationsmedizin Ostalb in Aalen (Baden-Württemberg). *Die Fragen stellte Stephan Gora.*

Was hat Sie als Ärztin bewogen, sich auf die Geriatrie, also die Altersheilkunde, zu spezialisieren?

2002 haben wir in unserem Krankenkassensystem eine tiefgreifende Veränderung erlebt: Das war im Bezahlsystem die Einführung von Fallpauschalen, die überspitzt ausgedrückt darin gipfeln, dass ein Patient mit einer schweren Lungenentzündung idealerweise innerhalb von fünf Tagen gesund sein sollte, damit der Erlös stimmt. Nun ist es so, dass der geriatrische Patient in dieses System genauso wenig hineinpasst wie der sterbende. Aus betriebswirtschaftlicher oder kostenträgerischer Sicht führt das – wiederum überspitzt ausgedrückt – dazu, dass diese Menschen nicht schnell genug versterben. Gerade diese Menschen brauchen eine starke Lobby und deshalb habe ich mich für die Geriatrie entschieden.

Welche Krankheiten begegnen Ihnen am häufigsten?

Krankheiten, die im Alter gehäuft vorkommen, sind vor allem: Krebs, Schlaganfälle, Demenzen wie die Alzheimererkrankung und schwere Verletzungen wie Schenkelhalsfrakturen. Anders als bei jüngeren Menschen erleben wir dabei Patienten in einer tiefen Lebenskrise, weil dadurch oft das gesamte häusliche Versorgungssystem kippt und fraglich ist, ob Menschen wieder nach Hause in den bisherigen Alltag zurückkehren können.

Und wie wirken sich die typischen Alterserscheinungen aus?

Häufig werden im Alter die Sinneswahrnehmungen schlechter. Alte Menschen hören schlechter, sehen schlechter. Selbst wenn sie geistig noch ganz rege sind, führt dies oft in die Einsamkeit. Anfangs fragen sie noch nach, doch dann resignieren sie. Ich erlebe Patienten, die ganz in sich eingesperrt sind. Sie sind nicht mehr redselig, weil sie sich schämen, dass sie nicht mehr alles mitbekommen. Und da sie nicht mehr alles verstehen, fangen sie an, die Lücken mit der eigenen Fantasie zu füllen. Das kann sehr gruselig sein: Eine Patientin etwa hatte nur deshalb schwere Panikattacken und Zukunftsängste, weil sie durch ihre Schwerhörigkeit ein völlig falsches Bild von ihrem Zustand hatte. Was auch nachlässt, ist die Beweglichkeit, die körperliche wie die geistige. Unsere Patienten sind oft mit sich selbst ungeduldig, auch in ihrer Umgebung stoßen sie auf Ungeduld. Werden sie von pflegenden Angehörigen unwirsch behandelt, so treibt sie das zusätzlich in die Isolation.

Wie definieren Sie „Alter" und wann beginnt diese Lebensphase?

Darüber streiten sich selbst die Lehrbücher, die Angaben variieren zwischen 60, 65 und 70 Jahren. Wir werden immer älter; so wird ein Mädchen, das während unseres Interviews irgendwo in Deutschland geboren wird, mit sehr hoher Wahrscheinlichkeit durchschnittlich 100 Jahre erreichen. Außerdem altern wir heute anders und deshalb müssen die Lebensabschnitte neu definiert werden. Der dritte Lebensabschnitt, das sind die ungefähr 65- bis 75-Jährigen. Wir sprechen von den „Golden Agern", die noch viel unternehmen können. Die Jahreszahlen sind auch hier verwaschen und richten sich vor allem nach der Aktivität und der körperlichen Belastbarkeit. Der vierte Lebensabschnitt, das sind die Hochbetagten, die oft betreuungs- oder pflegebedürftig sind. Das ist die Bevölkerungsgruppe, die zurzeit am schnellsten anwächst – und damit eine gewaltige gesellschaftliche Herausforderung darstellt. Aber auch hier kommt es immer wieder auf den Einzelfall an und auf die innere Einstellung. Für die einen ist Alter die Zeit der Verluste, des Rückzugs, für die anderen die Zeit der neuen Freiheit und der Selbstfindung. Es liegt vieles im Auge des Betrachters. Ich habe Patienten, die sich mit 59 Jahren älter fühlen als manche 89-Jährigen. Daher lässt sich „Alter" kaum über Altersangaben definieren.

Welchen Anteil haben psychosomatische und psychische Krankheiten?

Unabhängig vom Alter scheinen die psychosomatischen Krankheiten zuzunehmen. Körperliche und seelische Krankheiten lassen sich oft nicht deutlich voneinander trennen. In der Geriatrie erleben wir beispielsweise depressive Episoden oft als Folge einer körperlichen Erkrankung oder eines Verlusts, mit denen Menschen nicht fertig werden. Oft erleben wir zu Beginn einer Reha, dass Menschen – ich zitiere wörtlich – um „eine Spritze" bitten, damit „alles vorbei" sein möge. Sie bitten also um aktive Sterbehilfe! Wenn man diese Patienten nach vierzehn Tagen einigermaßen erfolgreicher Reha nochmals befragt, mit welchem Wunsch sie in die Klinik gekommen sind, dann können sie sich selbst bei klarer geistiger Gesundheit erstaunlicherweise nicht mehr an ihren Todeswunsch erinnern. Das zeigt, wie schmal die Grenze zwischen Lebenswillen und Todeswunsch sein kann. Das ist auch einer der Gründe, warum ich als Ärztin gegen die aktive Sterbehilfe bin. Man kann medikamentös oder besser ganzheitlich ganz viel dazu beitragen, dass Depressionen in Lebenskrisen überwunden werden. Wichtig ist allerdings, dass den Patienten Möglichkeiten aufgezeigt werden, Behinderung und Verlust auszugleichen. Menschen brauchen Perspektiven und – auch ein bisschen Hoffnung.

Was empfehlen Sie Menschen, die an Einsamkeit leiden?

Das ist ein riesiges, quälendes Problem. Ich erinnere mich an eine Patientin, die fünf Kindern das Leben geschenkt hat. Aber keines ihrer Kinder hat sie in der Krankheit und in der anschließenden Reha besucht. Diese Verzweiflung lässt sich medizinisch nicht behandeln. Es ist aber eine gesellschaftliche und mentale Herausforderung: Die demografische Entwicklung zeigt ja, dass gerade die Alten nicht allein sein müssten, wenn sie sich rechtzeitig umorientieren. Aber es bleibt ein langwieriger Prozess, solche Enttäuschungen zu „verstoffwechseln". Dies gilt auch bei körperlichen Einschränkungen, also bei dem Verlust von Fähigkeiten. Die Verarbeitung fällt umso leichter, je mehr es eine Perspektive, einen Kompensationsmechanismus oder einen Erfolg versprechenden Ausweg gibt. Menschen brauchen Hoffnung und eine Perlenkette von kleinen Erfolgserlebnissen. Das ist die Funktion unserer Reha-Maßnahmen.

Wie kann man in jüngeren Jahren dafür Sorge tragen, dass es einem im Alter gut geht?

Das berührt das Thema „Glück". Dem Unglück der Alterseinsamkeit lässt sich entgegensteuern, wenn man schon in jungen Jahren Epikurs „Sieben Empfehlungen für das Geheimnis von Glück" folgt: Zunächst „aktiv leben", das heißt, sich nicht zu Hause einschließen, sondern beweglich bleiben – körperlich wie geistig, neugierig bleiben, lernen, lesen, lachen, lieben, ... – wer nicht beweglich bleibt, verfällt in Depression, Gehirnzellen gehen unwiderruflich kaputt. Wichtig sind auch „gute Gedanken", die „Konzentration auf das Hier und Jetzt" sowie sinnvolle Aufgaben, etwa das Engagement für andere Menschen. Entscheidend sind aber vor allem die sozialen Kontakte. Menschen sollten rechtzeitig für tragfähige Beziehungen sorgen, für Lebensfreundschaften und möglichst den richtigen Menschen heiraten ... Umgekehrt empfiehlt Epikur aber auch Schicksalsschläge anzunehmen, Krisen als Chance und als Herausforderung zu begreifen. Seine letzte Empfehlung bezieht sich auf das angemessene Verhältnis zwischen „Erwartung und Erfüllung". Menschen sind glücklicher, wenn ihre Erwartungen erfüllbar bleiben, wenn sie ihre Erwartungen an das Glück nicht zu hoch schrauben.

Welche Wünsche äußern alte Menschen am häufigsten?

Das können ganz kleine Dinge sein: eine Treppenstufe bewältigen oder selbstständig auf die Toilette gehen zu können. Dahinter steht allerdings meist der Wunsch, sich auch im Alter die eigene Würde zu erhalten. Fragt man genauer nach, so ist es das Bedürfnis nach Harmonie, nach Zugehörigkeit, nach Anerkennung und Liebe. Im Übrigen belegen Studien, dass die Fähigkeit, Glück zu erleben, im Alter steigt. Viele alte Menschen erwerben eine gewisse Demut, sich auch über kleine Dinge zu freuen.

In Literatur, Film und Musik wird das Alter mitunter als Möglichkeit des Aufbruchs dargestellt. Inwiefern deckt sich diese schöne Idee mit Ihren beruflichen Erfahrungen?

Niemandem ist damit gedient, wenn das Alter schöngeredet wird. Wir müssen dem Alter vielmehr eine eigene Kultur geben. Wer die Verheißung „Mit 66 Jahren fängt das Leben an" mit Selbsthumor nimmt, wird mit seinem Alter etwas anfangen. Wer dagegen bis zu seinem 66. Lebensjahr nur verbissen auf die Rente hinarbeitet, wird voraussichtlich auch das Alter nicht genießen. Wer sich in jungen Jahren nicht gescheut hat, sich selbst zu verwirklichen, wird auch im Alter bescheidene Wege der Selbstverwirklichung entdecken. Im Übrigen geht es nicht darum, wie lange wir leben, sondern mit welcher Lebensqualität wir unser Leben führen. Wenn wir bei abnehmender Funktionstüchtigkeit die maximale Lebensqualität erreichen, dann haben wir es gut gemacht. Dann ist auch das Alter weder Fluch noch Segen, sondern Teil des Lebens.

Und was sagen Sie Menschen, die Angst vor dem Altwerden haben?

Die Alternative ist, jung zu sterben – und dann muss man wählen.

... und Patienten, die Angst vor dem Sterben haben?

Wir können das Leben nicht ändern, wir haben den Tod nicht in der Hand. Wir Ärzte können belastende Symptome – Schmerzen, Juckreiz, Übelkeit, Atemnot – weitgehend lindern, um Ängste zu nehmen. Wenn wir den Sterbenden medikamentös unterstützen, dann sollten wir allerdings so vorsichtig dosieren, dass der Sterbende seinen Tod erleben kann. Sterbebegleitung heißt also nicht, den Patienten absolut ruhigzustellen. Der Sterbeweg hat einen Sinn, er kann mit Achtsamkeit und Zuwendung gefüllt werden. Für den Sterbenden ist es auch die Chance einer Lebensbilanz. Wenn sich dann der Kreis schließt, kann der Tod etwas Sanftes, etwas Erlösendes sein.

Herzlichen Dank für das Interview, Frau Heßelbach!

A Lies das Interview und unterstreiche die Passagen, die dich am meisten berührt haben. Beantworte anschließend die Fragen. Wenn zu wenig Platz ist, schreibe in deinem Heft weiter.

- Wie geht es dir persönlich, nachdem du das Interview gelesen hast? Beschreibe deinen ersten Eindruck nach der Lektüre.

- Wann und bei welcher Gelegenheit bist du als junger Mensch zum ersten Mal bewusst mit dem Thema „Alter(n)" konfrontiert worden? Skizziere diese Situation und deine Gedanken und Gefühle dabei.

- Mache dir bewusst, wie viele ältere Menschen du kennst. Wirken Sie auf dich eher glücklich oder unglücklich? Beschreibe deine Eindrücke von diesen Menschen.

- Was kannst du aus dem Interview für dein Leben in jungen Jahren lernen? Notiere Stichpunkte.

- Wie schätzt du Epikurs Empfehlungen für das Glück ein? Welcher Empfehlung möchtest du heute schon folgen? Begründe deine Meinung.

- Wie stellst du dir dein persönliches Glück im Alter vor? Beschreibe deine „Wunschsituation".

- Welche „bescheidenen Wege der Selbstverwirklichung" würdest du jedem Menschen im Alter wünschen? Formuliere einige Vorschläge.

c) Thema „Jugend": Ärgernis oder notwendige Entwicklungsstufe?

Seit der Antike beklagen sich Eltern und Lehrer über die Jugend. So wurde den Jugendlichen im Laufe der Geschichte vorgeworfen, sie leugneten die Götter, sie hätten keinen Respekt gegenüber der älteren Generation, sie wären faul und moralisch verdorben, sie liebten den Luxus, sie tränken zu viel Alkohol, sie rauchten Tabak, sie nähmen Drogen, sie neigten zu Gewalt und Kriminalität, sie lernten immer weniger, sie läsen zu viele Romane, sie sähen zu viel Fernsehen, sie wären mal zu revolutionär, mal zu unpolitisch, sie könnten nicht mehr richtig kommunizieren, sie hätten keine (oder die falschen) Ideale, sie hörten viel zu laute (und zumeist schreckliche) Musik, sie verrohten durch Computerspiele und sie vernachlässigten durch die neuen Medien freundschaftliche Beziehungen und sportliche Aktivitäten ... Immer scheint die „Jugend von heute" schlimmer zu sein als die jeweilige Elterngeneration – und dies seit Jahrhunderten!

A 1 Was ist dran an den (Vor-)Urteilen der älteren Generation gegenüber der Jugend? Überprüft, inwieweit die folgenden Aussagen auf eure Generation zutreffen.
Fünf angekreuzte Kästchen bedeuten: Trifft voll und ganz zu! Kein Kästchen bedeutet: Trifft überhaupt nicht zu! Diskutiert eure Einschätzungen.

Jugendliche von heute ...

- ○○○○○ sind täglich mehr als drei Stunden im Netz
- ○○○○○ mobben sich gegenseitig im Klassenzimmer, in der Clique oder im Cyberspace
- ○○○○○ haben neue Ideen und sind die Zukunft der Gesellschaft
- ○○○○○ wehren sich gegen überkommene Moralvorstellungen ihrer Eltern und Lehrer
- ○○○○○ neigen zu mehr Gewalt als die Jugendlichen vergangener Zeiten
- ○○○○○ lesen weniger Bücher, gehen weniger ins Theater als die Generationen zuvor
- ○○○○○ sind online deutlich fitter als die Generation ihrer Eltern
- ○○○○○ sind aufmüpfig, reizbar, empören sich wegen Kleinigkeiten
- ○○○○○ sind in der Pubertät extrem schwierig
- ○○○○○ laufen ständig irgendwelchen Trends und Modeerscheinungen hinterher
- ○○○○○ geben zu viel Geld aus

A 2 Überprüft die folgenden Begriffe und arbeitet in einem Gespräch in der Klasse heraus, inwiefern sie Verhaltensweisen von Jugendlichen erklären.

Adoleszenz

... ist ein Begriff der Entwicklungspsychologie. Er leitet sich vom lateinischen Verb *adolescere* (heranwachsen) ab und meint den Zeitraum von der späten Kindheit über die Pubertät bis hin zum vollen Erwachsensein, wenn der Mensch körperlich ausgewachsen, emotional und sozial weitgehend gereift ist.

Jugend

... bezieht sich ebenfalls auf die Zeitspanne zwischen Kindheit und Erwachsenenalter, berücksichtigt dabei besonders den Aspekt der Strafmündigkeit. In diesem Sinne ist damit das Alter zwischen 14 und 17 Jahren (bzw. 18 und 20 Jahren, falls der Heranwachsende noch nach dem Jugendstrafrecht behandelt wird) gemeint. Im Gegensatz zu diesem Aspekt sind Altersangaben zu Adoleszenz und Pubertät sehr schwankend, weil die Entwicklung je nach Individualität, Geschlecht, Kultur und Gesellschaft unterschiedlich verläuft.

Pubertät

... bezieht sich besonders auf den biologischen Aspekt der Fortpflanzungsfähigkeit, abgeleitet vom lateinischen Wort *pubertas* (Geschlechtsreife). Gemeint ist die Entwicklung zur ausgewachsenen Frau bzw. zum ausgewachsen Mann, die bei Heranwachsenden mit starken seelischen und sozialen Veränderungen einhergehen kann:

Eierstöcke und Hoden beginnen mit der Produktion der Sexualhormone Östrogen und Testosteron.

Die Wachstumsgeschwindigkeit nimmt zu, zuerst bei den Mädchen, dann bei den Jungen. Jungen können bis zu zehn Zentimeter im Jahr wachsen, um schließlich die Mädchen zu überholen. Herz- und Lungenleistung vergrößert sich, die Muskelzellen nehmen zu, bei Jungen verdoppelt sich die Anzahl der Muskelzellen. Bei Mädchen steigt der Körperfettanteil (eine wichtige Voraussetzung für die Menstruation) besonders im Bereich von Busen, Hüfte, Oberschenkeln und Bauch. Das Becken wird breiter.

Die Körperbehaarung nimmt zu, besonders im Scham- und Achselbereich, bei Jungen zusätzlich im Bartbereich. Die Jungen kommen hörbar in den Stimmbruch.

Die Geschlechtsreife kündigt sich bei Mädchen mit einer Vergrößerung von Vagina und Gebärmutter an; bei Jungen mit einer Vergrößerung von Hoden und Penis. Es folgen die erste Periode und die erste Ejakulation (Samenerguss).

Die verzögerte Melatoninproduktion bewirkt, dass Heranwachsende später müde werden und morgens länger schlafen wollen. Durch eine verstärkte Talgproduktion neigen sie zu Pickeln und Akne.

Das Gehirn wird umstrukturiert. Der Gefühlsbereich ist zuerst und besonders intensiv betroffen. Im Bereich des rationalen Denkens brauchen die Veränderungen mehr Zeit. Daher lässt die Denkleistung vorübergehend nach, während die Gefühle starken Schwankungen ausgesetzt sind. Aber nach Abschluss der Pubertät steht dem erwachsenen Menschen ein hochleistungsfähiges Gehirn zur Verfügung.

A 3 Schreibe eine „Erklärung" über die junge Generation von heute, die diese deiner Meinung nach stimmig definiert. Wählt dazu eine der fünf vorgeschlagenen Überschriften.

- Declaration of the younger Generation
- Wir sind besser als unser Ruf!
- Wir sind, wie wir sind! Und wir werden, was wir sein wollen!
- Lasst uns endlich in Ruhe mit euren Klagen!
- Es ist wunderbar und ein Segen, jung zu sein!

d) Thema „Vorurteil": Definition und Beispiele

A 1 Sammelt in Partnerarbeit Beispiele: Welche Vorurteile kennt ihr? Welche Vorurteile habt ihr selbst? Markiert beide Gruppen mit unterschiedlichen Farben.

A 2 Versucht nun den Begriff „Vorurteil" etwas genauer zu definieren. Dabei dürft ihr eigene Gedanken entwickeln oder aus dem Ideenspeicher treffende Formulierungen auswählen.

Ein Vorurteil ist eine vorschnelle, wenig reflektierte und daher nicht wirklich gerechtfertigte Einstellung gegenüber Menschen.

Ideenspeicher: Wertung, die nicht alle relevanten Eigenschaften würdigt – Fehlinterpretation durch einseitige Auswahl von Wahrnehmungen – ungerechtfertigte Bevorzugung oder Benachteiligung (Sympathie oder Antipathie) – einzelne Wahrnehmungen werden einer ganzen Gruppe als „typisch" zugeordnet (Verallgemeinerung) – diskriminiert (stigmatisiert) häufig Minderheiten – beurteilt und behandelt andere feindselig – entsteht aus Nicht- oder Halbwissen – entlastet das menschliche Gehirn, indem es eine Orientierung bietet – häufiger von Anderen (Medien, Freunden usw.) übernommen als selbst gebildet – kann entstehen, indem eigene Eigenschaften oder Ängste auf andere (Sündenbock) projiziert werden – beeinträchtigt das Zusammenleben – verletzt Grundrechte wie die Menschenwürde – verstößt gegen ethische Forderungen wie Wohlwollen und Toleranz – hält sich mitunter hartnäckig – kann durch Begegnungen und Informationen abgebaut werden

A 3 Sammelt in einer Tabelle auf einem Lernplakat einige „typische" Vorurteile, die junge und alte Menschen gegenüber der jeweils anderen Generation haben.

Vorurteile gegenüber den „Alten"	Vorurteile gegenüber den „Jungen"
•	•
•	•
• …	• …

A 4 Welche dieser Vorurteile sind bei genauerer Überlegung nicht haltbar und müssten daher abgebaut werden? Mit welchen Argumenten und/oder Beispielen könnt ihr Andere von eurer Meinung überzeugen? Tragt eure Überlegungen der Klasse vor.

e) Vergleichstext: Bertolt Brechts „Die unwürdige Greisin“

„Genau betrachtet lebte sie hintereinander zwei Leben.“

A 1 Lies den Text und halte in Stichworten fest, wodurch die beiden Lebensabschnitte gekennzeichnet sind.

„Die langen Jahre der Knechtschaft“	„Die kurzen Jahre der Freiheit“
•	•
•	•
•	•
•	•
•	•

A 2 Beantworte die folgenden Fragen zum Textverständnis.

- Welche Erwartungen haben Familie und Mitbürger offensichtlich an die verwitwete Frau B.?

- Was genau betrachten ihre Mitmenschen als „unwürdiges“ Verhalten?

- Der Titel der Kalendergeschichte soll die Leser zu einem anderen Urteil provozieren. Welche Eigenschaften oder Werte passen in Wirklichkeit besser zur Greisin?

- Ganz ehrlich: Hältst du das Verhalten der Greisin für angemessen und legitim?

A 3 „Die Jahre der Freiheit [auskosten] und das Brot des Lebens [aufzehren] bis auf den letzten Brosamen.“ Vergleiche Leos Flucht nach Südfrankreich mit dem Weg, den Frau B. eingeschlagen hat. Halte schriftlich fest, welche Konzeption dir für das Alter eher zusagt.

A 4 „Würde im Alter“ – Sammle wesentliche Elemente, die unverzichtbar dazu gehören.

f) Filmanalyse: „Sein letztes Rennen"

A Schaut den Film „Sein letztes Rennen" von Regisseur Kilian Riedhof (Deutschland 2013, 114 Min.). Arbeitet in Gruppen und analysiert den Film. Jede Gruppe wählt sich dafür fünf der 13 Fragen aus (alle sollten verteilt sein). Am Ende sollte zu jeder Frage ein Ergebnis der Klasse vorgetragen werden.

(1) Mit welchen filmischen Mitteln wird Paul Averhoffs sportliche Vorgeschichte „erzählt"?

(2) Wie nimmt Paul den Alltag im Altenheim wahr?

(3) Hältst du die Darstellung des Altenheims für realistisch?

(4) Welche Filmsequenzen haben dich emotional besonders berührt?

(5) Bei welchen Filmsequenzen musstest du lachen? Nenne Beispiele für Komik. Inwiefern trifft die Gattungsbezeichnung „(Film-)Komödie" zu?

(6) Für wie realistisch hältst du den Schluss des Films?

(7) Welche Gefühle hat der Film bei dir geweckt?

(8) Welche Bedeutung hat die Tochter Birgit für die Filmhandlung?

(9) Welche Klischees (überkommene Vorstellungen) werden in dem Film verwendet?

(10) Was empfindest du an dem Film als kitschig (minderwertig, sentimental, trivial)?

(11) Persönliche Bewertungen (1 = schlechteste // 10 = beste Bewertung)

Paul Averhoff (Dieter Hallervorden)	1	2	3	4	5	6	7	8	9	10
Margot Averhoff (Tatja Seibt)	1	2	3	4	5	6	7	8	9	10
Tochter Birgit (Heike Makatsch)	1	2	3	4	5	6	7	8	9	10
Pfleger Tobias (Frederik Lau)	1	2	3	4	5	6	7	8	9	10
Ergotherapeutin Müller (Katharina Lorenz)	1	2	3	4	5	6	7	8	9	10
Pauls Gegenspieler Rudolf (Otto Mellies)	1	2	3	4	5	6	7	8	9	10
Heimleiterin Rita (Katrin Sass)	1	2	3	4	5	6	7	8	9	10
Unterhaltungswert (Spannung, Komik, Tragik)	1	2	3	4	5	6	7	8	9	10
Filmmusik (Charles Trenet: La mer)/Geräusche	1	2	3	4	5	6	7	8	9	10

(12) Inwiefern ist die Bewertung einer Boulevardzeitung (2013) „Der emotionalste deutsche Film des Jahres! Ein Meisterwerk!" gerechtfertigt?

(13) Hältst du die Verleihung des Deutschen Filmpreises 2014 an Didi Hallervorden als besten Hauptdarsteller für gerechtfertigt?

Die folgenden Anregungen können zusätzlich aufgegriffen werden:

Dieter Hallervorden als Paul Averhoff in „Sein letztes Rennen"

- Charakterisiere die Beziehung zwischen Paul und Margot.
- „Dein Vater lässt dich dein Leben nicht leben? – Wie alt bist du?" – Wie beurteilst du das Vater-Tochter-Verhältnis zwischen Paul und „Bienchen"?
- „Sie haben die Welt jeden Abend wieder heil gemacht." Was spiegelt sich in diesem Zitat?
- „Das ganze Leben ist ein Marathon. Wer stehen bleibt, hat schon verloren." – Eine stimmige Lebensweisheit?
- Was spricht für die Diagnose „agitierte Depression", was spricht dagegen? Klärt dafür zunächst, was man darunter versteht.
- Charakterisiere die Ergotherapeutin Frau Müller etwas genauer. Welche Problematik versteckt sie hinter ihrer Fassade?
- Welche Rolle spielen die Medien (Talkshow, Boulevardpresse, Nachrichten)?
- „Hier im Heim ist der Tod allgegenwärtig." Wie lässt sich der Gesinnungswandel von Rudolf und Tobias erklären?
- „Wir sind wie Wind und Meer!" Inwieweit passt der Vergleich? Vergleiche auch mit dem Lied von Charles Trenet.
- Wie glaubwürdig ist das dreifache Happy End?
- Berlin-Marathon, Olympia-Stadion Berlin, Olympische Sommerspiele in Melbourne 1956 – was ist in dem Film real und was ist fiktiv?

g) Filmanalyse und Vergleich mit der Romanvorlage: „Der Hundertjährige, der aus dem Fenster stieg und verschwand"*

A Analysiere den Film „Der Hundertjährige, der aus dem Fenster stieg und verschwand" von Regisseur Felix Herngren (Schweden 2014, 115 Min.) und vergleiche mit dem Roman von Jonas Jonasson. Wählt dafür in Gruppen drei der neun Fragen aus (alle Fragen sollten verteilt sein). Am Ende sollte zu jeder Frage ein Ergebnis der Klasse vorgetragen werden.

Robert Gustafsson als Allan Karlsson

(1) Wie schätzt du Allans Motto „Es ist, wie es ist, und es kommt, wie es kommt" ein?

(2) Das Buch zum Film oder den Film zum Buch? Vergleiche die beiden Medien.

Vorteile und Nachteile des Buchs:	Vorteile und Nachteile des Films:
+	+
–	–

(3) Welche Passagen aus dem Buch hast du im Film besonders vermisst?

(4) Inwieweit lässt sich sagen, dass das 20. Jahrhundert stark durch Ideologien geprägt ist?

(5) Wann musstest du besonders herzhaft lachen? Erkläre drei Beispiele für Komik.

(6) Welche Gefühle hat der Film bei dir geweckt?

(7) Was ist eigentlich das Thema? Welche Botschaft versuchen Buch und Film zu vermitteln?

(8) Persönliche Bewertungen (1 = schlechteste // 10 = beste Bewertung)

Darsteller Allan Karlsson (Robert Gustafsson)	1	2	3	4	5	6	7	8	9	10
Darsteller Julius Jonsson (Iwar Wiklander)	1	2	3	4	5	6	7	8	9	10
Darsteller Benny (David Wiberg)	1	2	3	4	5	6	7	8	9	10
Darstellerin Gunilla (Mia Skäringer)	1	2	3	4	5	6	7	8	9	10
Darsteller Inspektor Aronsson (Ralph Carlsson)	1	2	3	4	5	6	7	8	9	10
Unterhaltungswert: Spannung, Komik	1	2	3	4	5	6	7	8	9	10
Qualität der Effekte und Animationen	1	2	3	4	5	6	7	8	9	10

(9) Inwiefern ist das Prädikat „Besonders wertvoll" gerechtfertigt?

* Bei der Auswahl des Films sollte die Altersgemäßheit berücksichtigt werden, da – anders als im Buch – recht gewalttätige Szenen vorkommen.

Literatur- und Bildverzeichnis

Texte

Lutz Hübner: Das Herz eines Boxers, Buchners Schulbibliothek der Moderne (Heft 30), Bamberg 2008

Friedrich Schiller: An die Freunde, zitiert nach: www.textlog.de/schiller-gedichte-an-die-freunde.html (online am 10.12.2014)

Bilder

© Foto von Iris Heßelbach, zur Verfügung gestellt von der Abteilung Marketing, Öffentlichkeitsarbeit des Ostalb-Klinikums Aalen – S. 45
Banfic, Robert, Burgkirchen/© Milewski, Jurek/Das Herz eines Boxers/2011-11-26 – S. 13
Banfic, Robert, Burgkirchen/Das Herz eines Boxers/2011-11-26/MG_3107 – S. 36
Banfic, Robert, Burgkirchen/Das Herz eines Boxers/2011-11-26/MG_3114 – S. 39
Banfic, Robert, Burgkirchen/Das Herz eines Boxers/2011-11-26/MG_3125 – S. 41
Banfic, Robert, Burgkirchen/Das Herz eines Boxers/2011-11-26/MG_3131 – S. 40
Banfic, Robert, Burgkirchen/Das Herz eines Boxers/2011-11-26/MG_3149 – S. 41
DPA picture alliance/dpa/Concorde Filmverleih – S. 55
DPA picture alliance/dpa/Nadja Klier/Neue Schönhauser Filmproduktion/Universum Film – S. 54
Theater Bilitz im Theaterhaus Thurgau – S. 31, 32, 37, 38